ITIL® 4 Foundation
Courseware - Deutsch

Kolophon

Titel:	ITIL® 4 Foundation Courseware - Deutsch
Authoren:	Van Haren Learning Solutions A.O.
Übersetzer:	Dick Timan
Überprüfer:	Dirk koetting Regine Collee
Verlag:	Van Haren Publishing, 's-Hertogenbosch
ISBN Hardcopy:	978 94 018 0466 0
Druck:	Erste Ausgabe, erste Auflage, September 2019 Zweite Ausgabe, erste Auflage, Februar 2020
Entwurf:	Van Haren Publishing, 's-Hertogenbosch
Copyright:	© Van Haren Publishing 2020
	For further information about Van Haren Publishing please e-mail us at: info@vanharen.net or visit our website: www.vanharen.net

This material contains diagrams and text Information based upon: AXELOS ITIL® material. Material is reproduced under licence from AXELOS All rights reserved.

No part of this publication may be reproduced in any form by print, photo print, microfilm or any other means without written permission by the publisher.
Although this publication has been composed with much care, neither author, nor editor, nor publisher can accept any liability for damage caused by possible errors and/or incompleteness in this publication.

Material in this document has been sourced from ITIL® Service Operation 2011 edition. No part of this document may be reproduced in any form without the written permission of both Van Haren Publishing and AXELOS Limited. Permission can be requested at info@vanharen.net and licensing@AXELOS.com.

Zu den Kursunterlagen

Die Autoren dieser Kursunterlagen sind Experten mit langjähriger Praxiserfahrung in Unternehmen, als Consultants und Trainer. Der Input für das Material basiert auf vorhandenen Publikationen sowie der Erfahrung und dem Fachwissen der Autoren. Das Material wurde von Trainern überarbeitet, die große Erfahrung mit Service Management haben.

Ziel der Kursunterlagen ist es, Trainer und Kursteilnehmende während des Trainings optimal zu unterstützen. Das Material ist modular aufgebaut und hat laut Autoren die höchste Erfolgsquote, wenn sich Kursteilnehmer für eine Zertifizierung entscheiden. Die Kursunterlagen sind aus diesem Grund, wo immer möglich, auch akkreditiert.

Um den Anforderungen an die Akkreditierung gerecht zu werden, muss das Material bestimmte Qualitätsstandards erfüllen. Die Struktur, die Verwendung bestimmter Begriffe, Diagramme und Referenzen sind Teil dieser Akkreditierung. Darüber hinaus muss das Kurs-Material allen Teilnehmenden zur Verfügung gestellt werden, um eine vollständige Akkreditierung zu erhalten. Zur Unterstützung von Trainer und Teilnehmenden, sind Übungsaufgaben und Ergebnisse Teil der Kursunterlagen.

Direkte Verweise auf empfohlene Literatur werden aufgeführt, damit die Lernenden zusätzliche Informationen zu einem bestimmten Thema nachschlagen können. Die Entscheidung, keine Notizen in den Kursunterlagen anzubringen, soll die Teilnehmenden dazu ermutigen, eigene Anmerkungen, Notizen und Ergänzungen in den Unterlagen zu machen.

Obwohl die Kursunterlagen vollständig sind, besteht die Möglichkeit, dass Trainer von der Struktur der Unterlagen abweichen und nicht überall ins Detail gehen. Teilnehmende haben immer die Möglichkeit, diese Themen selber zu bearbeiten und sie in ihrer Freizeit durchzugehen. Es wird empfohlen, die Struktur der Kursunterlagen und Publikationen für eine optimale Prüfungsvorbereitung zu befolgen.

Die Kursunterlagen, die empfohlene Literatur und Praxisbeispiele durch die Trainer sind die perfekte Kombination, um die Theorie zu lernen und zu verstehen

Other publications by Van Haren Publishing

Van Haren Publishing (VHP) specializes in titles on Best Practices, methods and standards within four domains:
- IT and IT Management
- Architecture (Enterprise and IT)
- Business Management and
- Project Management

Van Haren Publishing is also publishing on behalf of leading organizations and companies: ASLBiSL Foundation, BRMI, CA, Centre Henri Tudor, Gaming Works, IACCM, IAOP, IFDC, Innovation Value Institute, IPMA-NL, ITSqc, NAF, KNVI, PMI-NL, PON, The Open Group, The SOX Institute.

Topics are (per domain):

IT and IT Management
ABC of ICT
ASL®
CATS CM®
CMMI®
COBIT®
e-CF
ISO/IEC 20000
ISO/IEC 27001/27002
ISPL
IT4IT®
IT-CMF™
IT Service CMM
ITIL®
MOF
MSF
SABSA
SAF
SIAM™
TRIM
VeriSM™

Enterprise Architecture
ArchiMate®
GEA®
Novius Architectuur Methode
TOGAF®

Business Management
BABOK® Guide
BiSL® and BiSL® Next
BRMBOK™
BTF
EFQM
eSCM
IACCM
ISA-95
ISO 9000/9001
OPBOK
SixSigma
SOX
SqEME®

Project Management
A4-Projectmanagement
DSDM/Atern
ICB / NCB
ISO 21500
MINCE®
M_o_R®
MSP®
P3O®
PMBOK® Guide
Praxis®
PRINCE2®

For the latest information on VHP publications, visit our website: www.vanharen.net.

Inhaltsverzeichnis

Reflexion		7
Zeitplan		9
Einführung	(1)	11
Schlüsselkonzepte des Service Managements	(9)	15
Services und Produkte	(12)	16
Wert und Wertschöpfung	(14)	17
Organisationen, Anbieter, Anwender und andere Stakeholder	(15)	18
Servicebeziehungen	(18)	19
Wert: Outcomes, Kosten und Risiken	(20)	20
Zusammenfassung & Übungsfragen	(24)	22
Die vier Dimensionen des Service Managements	(30)	25
Organisationen und Menschen	(32)	26
Informationen und Technologie	(33)	27
Partner und Lieferanten	(39)	30
Wertströme und Prozesse	(42)	31
Externe Faktoren	(45)	33
Zusammenfassung & Übungsfragen	(46)	33
Das ITIL Service Value System	(50)	35
Service Value Systemübersicht	(51)	36
Zusammenfassung & Übungsfragen	(59)	40
ITIL-Wertchöpfungskette	(62)	41
Das zentrale Element des SVS	(63)	42
Agile-ITSM	(72)	47
Zusammenfassung & Übungsfragen	(74)	47

ITIL- Grundprinzipien	**(79)**	**50**
Wertorientierung	(88)	54
Dort beginnen, wo man steht	(92)	56
Iterative Weiterentwicklung mit Feedback	(96)	58
Zusammenarbeiten und Transparenz fördern	(100)	60
Ganzheitlich denken und arbeiten	(107)	64
Auf Einfachheit und Praktikabilität achten	(109)	65
Optimieren und automatisieren	(112)	66
Zusammenfassung & Übungsfragen	(116)	68
Service Management Practices	**(122)**	**71**
ITIL Management Practices	(123)	72
Zusammenfassung & Übungsfragen	(161)	91
Allgemeine und technische Management Practices	(167)	94
Zusammenfassung & Übungsfragen	(182)	101
Übungen		
1. Schlüsselkonzepte des Service Managements		107
2. ITIL Schlüsselkonzepte		110
3. ITIL Practices		115
4. Fall Wertsströme		123
Musterprüfung 1		125
Antworten und Erläuterungen		137
Musterprüfung 2		160
Antworten und Erläuterungen		171
Syllabus		193

Diagramm zur Selbstbewertung Ihrer Kompetenzen

Mit diesem Diagramm können Sie evaluieren, wie gut Sie den Stoff beherrschen. Füllen Sie es bitte aus, um herauszufinden, wie weit Sie sind. Zur erfolgreichen Ablegung der Prüfung gilt es, den oberen Bereich von Niveau 3 zu erreichen. Für ein exzellentes Kompetenzniveau sollte Niveau 4 als Ziel gelten. Ihr allgemeines Kompetenzniveau steigt selbstverständlich der Lernkurve entsprechend. Deshalb ist es wichtig, dass Sie sich zu jedem Zeitpunkt des Trainings bewusst sind, in welchem Bereich des Diagramms Sie sich befinden. Damit können Sie Ihre Aufmerksamkeit den entsprechenden Verbesserungsbereichen widmen.

Auf Grundlage Ihrer Position im Diagramm zur Selbstbewertung Ihrer Kompetenzen können Sie den Fortschritt Ihres eigenen Trainings evaluieren.

Kompetenzniveau	Vor dem Training (Vorkenntnisse)	Training 1. Teil (1. Hälfte)	Training 2. Teil (2. Hälfte)	Nachdem Sie das Buch durchgenommen und gelernt haben	Nachdem Sie die Übungen und die Probeprüfung gemacht haben
Niveau 4 Ich kann den Inhalt verstehen und anwenden.					
Niveau 3 Ich habe den Durchblick! Ich bin auf dem richtigen Weg.					Bereit für die Prüfung!
Niveau 2 Ich verstehe es fast. Ich könnte jedoch noch etwas Übung gebrauchen.					
Niveau 1 Ich lerne, aber ich verstehe den Stoff noch nicht wirklich.					

(Diagramm zur Selbstbewertung Ihrer Kompetenzen)

Notieren Sie bitte auf welche verbesserungswürdigen Punkte Sie noch stoßen, damit Sie selbst oder gemeinsam mit dem Trainer daran arbeiten können. Bewerten Sie anschließend mithilfe des Diagramms, ob Sie den entsprechenden Stoff besser verstehen und an welcher Stelle der Lernkurve Sie sich befinden.

Problemlösung

Verbesserungsbereich: *Thema:*

_____

_____

1. Teil

_____

_____

_____

2. Teil

_____

_____

_____

Nachdem Sie das Buch durchgenommen und gelernt haben

_____

Nachdem Sie die Übungen und die Probeprüfung gemacht haben

_____

_____

_____

_____

Verbesserungsbereich:

Zeitplan

	Tag 1, Schlüsselkonzepte des Service Managements
Teil 1	Einführung
	Wertschöpfung, Outcomes, Kosten und Risiken
	Serviceleistungen und Serviceleistungsbeziehungen
	Die vier Dimensionen
	Mittagessen
Teil 2	Das ITIL service value system
	Die Aktivitäten der Service-Wertschöpfungskette
	Art und Verwendung der Leitprinzipien

	Tag 2, Ausgewählte ITIL-Practices und Schlüsselbegriffe
Teil 1	Service management practices
	Allgemeine Practices
	Technische Practices
	Thema Qualität + Qualität Review-Technik
	Review Technique
	Übung Qualitätsmanagement-Ansatz
	Mittagessen
Teil 2	Prüfung einrichten

ITIL® Prüfung

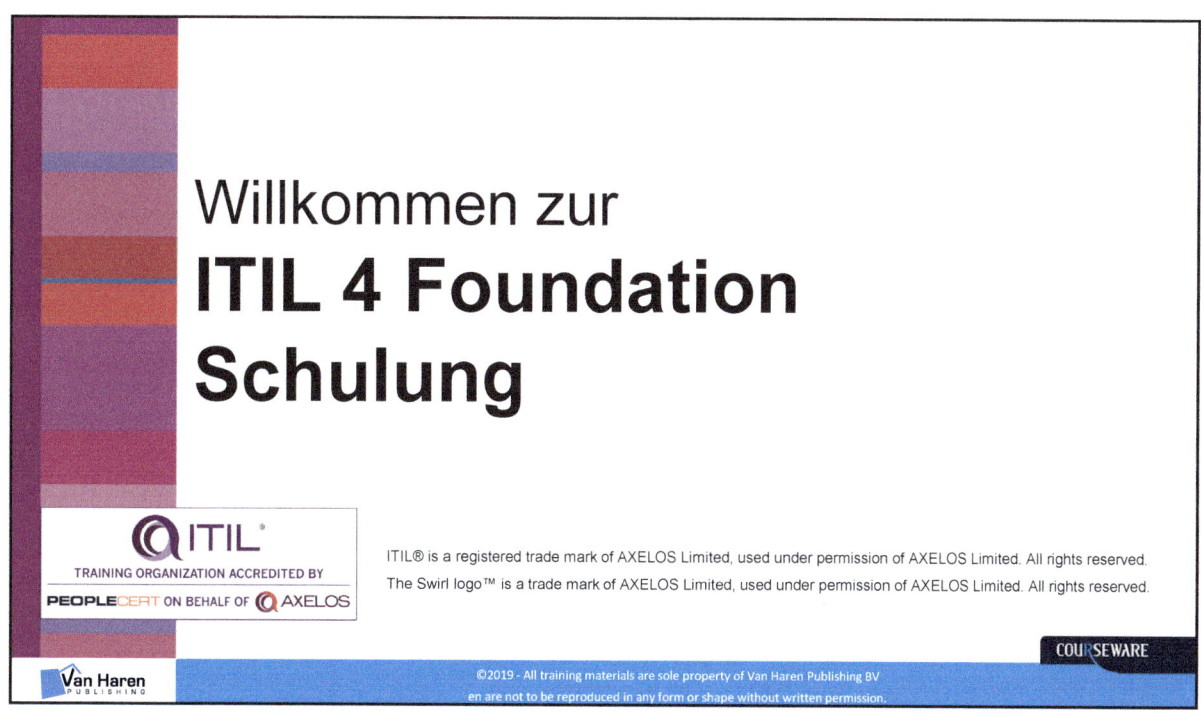

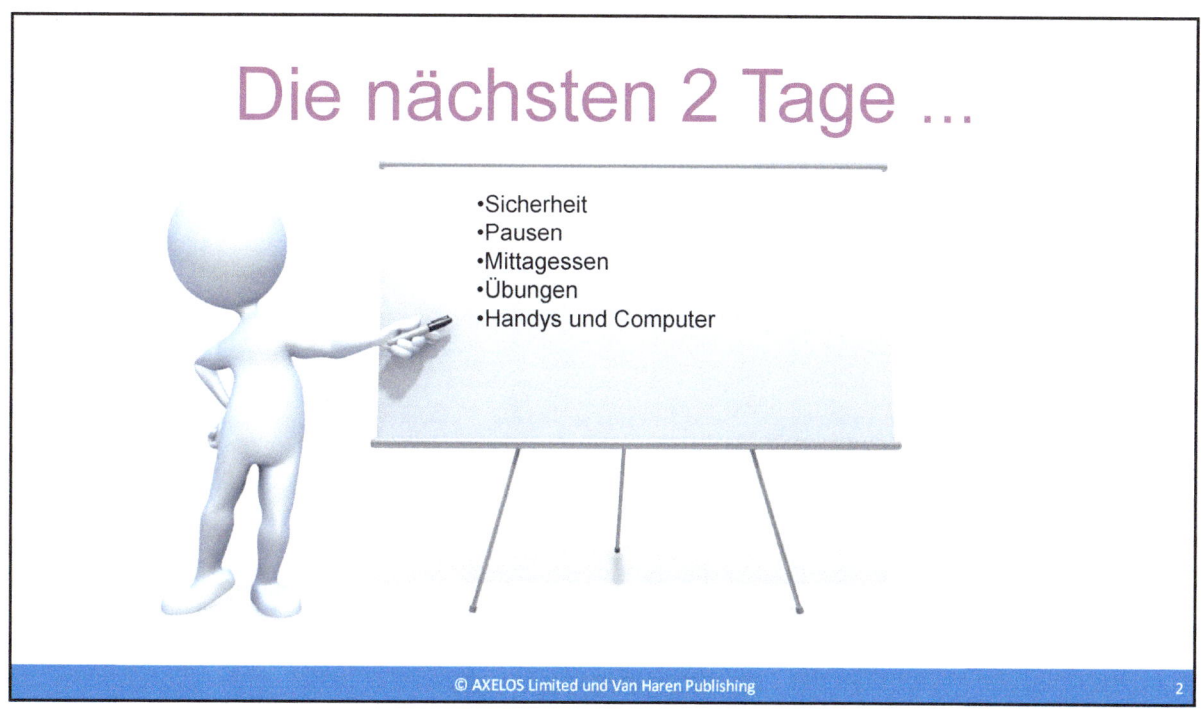

Schulungsprogramm

- Tag 1: Wichtige Service Management-Konzepte
  - Wertschöpfung, Ergebnisse, Kosten und Risiken
  - Services und Servicebeziehungen
  - Die vier Dimensionen
  - Das ITIL Service Value System
  - Die Service-Wertschöpfungskette
  - Art und Verwendung der Grundprinzipien
- Tag 2: Ausgewählte ITIL Practices und Schlüsselbegriffe
  - Service Management Practices
  - Allgemeine Practices
  - Technische Practices

Entwicklung der ITIL ...

- vom prozessorientierten hin zum ganzheitlichen Ansatz
- vom fragmentierten Lebenszyklus hin zu „end-to-end"
- von den Hauptversionen hin zu kontinuierlicher Verbesserung
- vom Betriebs-Silos zum flexiblen Wertstrom

Grundprinzipien als zentrales Thema

Bei den gängigen Frameworks, Modellen und Methoden kann ein klarer Trend beobachtet werden: Sie bewegen sich von den Regeln weg und fokussieren nun mehr auf Grundprinzipien.

Wir erachten diese Entwicklung als grundsätzlich positiv, weil es die Akzeptanz von Interoperabilität und Integration zwischen Frameworks und Methodologien erhöht, wenn die grundlegenden Prinzipien häufig miteinander geteilt werden.

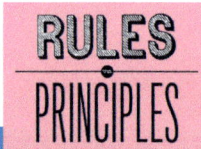

Produktmanagement

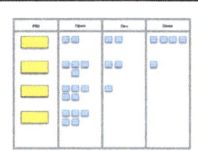

Klarer Trend: IT-Organisationen verwenden zunehmend die Terminologie des Produktmanagements und übernehmen Methoden aus anderen Bereichen, wie dem Maschinenbau und der Fertigungsindustrie. Die von einer Organisation angebotenen Services basieren auf einem oder mehreren ihrer Produkte. Organisationen besitzen oder haben Zugriff auf eine Vielzahl von Ressourcen. Aus diesen Ressourcen stellt die Organisation Produkte zusammen, die für ihre Kunden wertvoll sein können.

Dies ist nicht neu, da es teilweise bereits in früheren ITIL-Versionen eingeführt worden war. Aber es macht ITIL 4 noch bedeutsamer, um mit der entstehenden agilen Bewegung und ihrer starken Betonung der Produktentwicklung leichter umgehen zu können.

SCHLÜSSELKONZEPTE DES SERVICE MANAGEMENTS

Verständnis der wichtigsten Begriffe und Konzepte des Service Managements

Einführung

Die meisten Organisationen müssen sich den Herausforderungen im Service Management stellen und das Potenzial der heutigen Technologie nutzen. ITIL 4 wurde konzipiert, um ein flexibles, koordiniertes und integriertes System zur effektiven Steuerung IT-fähiger Services zu gewährleisten.

Folgende Schlüsselbegriffe und wichtige Konzepte für das Service Management werden – unter anderem – eingeführt und vorgestellt:

✓ Organisationen, Service Provider, Servicekonsumenten und andere Stakeholder
✓ Produkte und Services
✓ Wert und gemeinsame Wertschöpfung
✓ Servicebeziehungen
✓ Wert: Ergebnis, Kosten und Risiken

Hinweis: Diese Konzepte gelten **für alle** Organisationen und Services, ungeachtet ihrer Natur und der zugrunde liegenden Technologie.

Was ist Service Management?

Definition: Service Management
Eine Reihe spezialisierter Fähigkeiten der Organisation zur Generierung eines Werts für Kunden in Form von Services

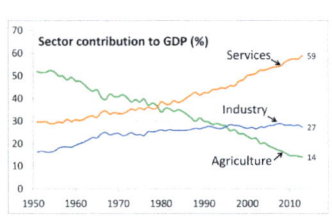

Um diese Fähigkeiten zu entwickeln, benötigt man ein Verständnis über:

✓ die Art des Wertes

✓ Art und Umfang der beteiligten Akteure

✓ die Art und Weise, wie Wertschöpfung durch Services ermöglicht wird

Produkte und Services

Zentraler Bestandteil des Service Managements ist natürlich ein Service.

Definition:
Ein **Service** ist eine Möglichkeit, gemeinsamen Mehrwert zu schaffen indem das Erreichen der von Kunden angestrebten Ergebnisse erleichtert wird, ohne dass der Kunde spezifische Kosten und Risiken managen muss.

Die Services, die eine Organisation anbietet, basieren auf einem oder mehreren ihrer Produkte. Organisationen verfügen über eine Bandbreite an Ressourcen.

Definition: Ein Produkt ist eine Konfiguration der Ressourcen einer Organisation, die darauf ausgelegt ist, einen Mehrwert für einen Konsumenten zu bieten.

Serviceangebot

Definition:

Ein Serviceangebot ist eine formelle Beschreibung eines oder mehrerer Services, die auf die Bedürfnisse einer Zielgruppe von Konsumenten zugeschnitten sind. Ein Serviceangebot kann Waren, den Zugriff auf Ressourcen und Serviceaktionen umfassen.

Komponente	Beschreibung	Beispiele
Waren	werden an den Verbraucher geliefert Das Eigentum wird an den Verbraucher übertragen Der Verbraucher übernimmt die Verantwortung für die zukünftige Verwendung	ein Handy. ein physischer Server
Zugriff auf Ressourcen	Das Eigentum wurde nicht an den Verbraucher übertragen Der Zugang wird dem Verbraucher zu den vereinbarten Bedingungen gewährt oder lizenziert Der Verbraucher kann nur während der vereinbarten Verbrauchszeiten und gemäß den vereinbarten Bedingungen auf die Ressourcen zugreifen	Zugang zum Mobilfunknetz oder zum Netzwerkspeicher
Serviceaktionen	Werden vom Service Provider entsprechend der Vereinbarung mit dem Konsumenten durchgeführt, um dessen Bedürfnisse zu erfüllen	Anwendersupport Austausch eines Gerätes

Wertschöpfung

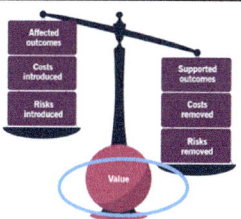

Der Zweck einer Organisation besteht darin, **Werte** für die **Stakeholder** zu schaffen. Der Begriff „ Wert" wird häufig im Service Management verwendet und ist ein wichtiger Schwerpunkt von ITIL 4. „ Wert" muss daher eindeutig definiert sein.

Definition
Die wahrgenommenen Vorteile, der Nutzen und die Bedeutung von etwas.

Wertschöpfung ist ein Spagat zwischen **Ergebnisse**, **Kosten** und **Risiken**.

Anmerkung:
Der Wert kann subjektiv sein und kann je nach Stakeholder unterschiedlich sein!

Service Provider und Servicekonsumenten

Service provider
kann extern oder intern sein.
Kann Services auf dem freien Markt, anderen Unternehmen oder einzelnen Konsumenten anbieten.

Eine Rolle, die eine Organisation in einer Servicebeziehung ausübt, um Services für Konsumenten bereitzustellen.

Servicekonsument Wenn eine Organisation Services erhält, übernimmt sie die Rolle des Servicekonsumenten.

Wichtige Stakeholder

Definition Organisation Eine Person oder eine Gruppe von Personen, die ihre eigenen Funktionen mit Verantwortlichkeiten, Befugnisse und Beziehungen haben, um ihre Ziele zu erreichen.

Definition Kunde Eine Person, die die Anforderungen an einen Service definiert und die Verantwortung für die Ergebnisse des Servicekonsums übernimmt.

Definition Anwender Eine Person, die Services einsetzt.

Definition Sponsor Eine Person, die das Budget für den Servicekonsum genehmigt. Kann auch zur Beschreibung einer Organisation oder Person verwendet werden, die eine Initiative finanziell oder anderweitig unterstützt.

Andere Stakeholder und Wert

Neben den Konsumenten- und Anbieterrollen gibt es viele **andere Stakeholder, die für die Wertschöpfung wichtig sind.**

Stakeholder	Wertbeispiel für den Stakeholder
Servicekonsumenten	Nutzen erzielt; Kosten und Risiken optimiert
Service Provider	Geld von den Konsumenten; Geschäftsentwicklung; Imageverbesserung
Mitarbeiter eines Service Providers	Finanzielle und nicht finanzielle Anreize; Karriereentwicklung und Weiterbildung; Gefühl der Sinnhaftigkeit
Gesellschaft und Allgemeinheit	Beschäftigung; Steuern; Beitrag der Organisationen zur Entwicklung der Allgemeinheit
Wohltätigkeitsorganisationen	Finanzielle und nicht finanzielle Beiträge von anderen Organisationen
Aktionäre	Finanzielle Vorteile wie z. B. Dividenden; Gefühl von Sicherheit und Stabilität

Servicebeziehungen

Definition Servicebeziehungen

Eine Kooperation zwischen einem Service Provider und einem Servicekonsumenten. Zu Servicebeziehungen gehören Serviceerbringung, Servicekonsum und Service Relationship Management.

Servicebeziehungen werden zwischen zwei oder mehr Organisationen eingegangen, um Werte zu schaffen.

Die Rollen des Service Providers und des Servicekonsumenten schließen sich nicht gegenseitig aus. Organisationen liefern und konsumieren in der Regel mehrere Services gleichzeitig.

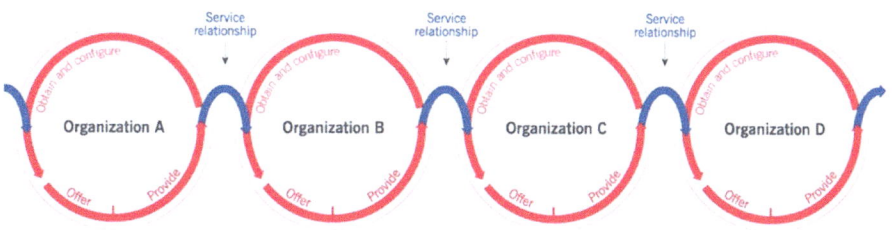

Servicebeziehungen

Definition Service Relationship Management: Gemeinsame Aktivitäten, die von einem Service Provider und einem Servicekonsumenten durchgeführt werden, um eine kontinuierliche gemeinsame Wertschöpfung auf der Grundlage vereinbarter und verfügbarer Serviceangebote sicherzustellen.

Definition Service Provisioning besteht aus Aktivitäten, die von einem Service Provider durchgeführt werden, um Services bereitzustellen. Dies umfasst die Bereitstellung des Zugriffs auf Ressourcen, die Ausführung von Serviceaktionen, das Ressourcenmanagement und den Service sowie die kontinuierliche Verbesserung

Definition Servicekonsum Aktivitäten, die von einer Organisation zum Konsum von Services durchgeführt werden. Servicekonsum beinhaltet: das Management der für die Nutzung des Service erforderlichen Ressourcen des Konsumenten; die von Anwendern durchgeführten Serviceaktionen, einschließlich Nutzung der Ressourcen des Providers und Anforderung des Fulfilments von Serviceaktionen. Servicekonsum kann auch den Empfang (Erwerb) von Waren umfassen.

Unterschied: Output und Ergebnis

Es ist wichtig, zwischen Output und Ergebnis von Services zu unterscheiden.

Definition Output: Ein materieller oder immaterieller Liefergegenstand einer Aktivität.

Definition Ergebnis: Ein Resultat für einen Stakeholder, das durch einen oder mehrere Outputs ermöglicht wird.

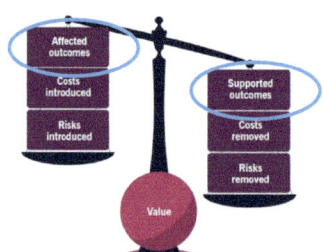

Service Provider sollten ihren Konsumenten helfen, **Ergebnisse zu erzielen**. Es kann für den Provider schwierig sein, genau zu verstehen welche Ergebnisse der Konsument erzielen möchte.

Zwei Arten von Kosten

Definition: Kosten sind der Geldbetrag, der für eine bestimmte Aktivität oder Ressource ausgegeben wurde.

Aus der Sicht der Servicekonsumenten gibt es zwei Arten von Kosten:

- **Kosten**, die durch den Service für den Konsumenten **entfallen** (Teil des Werteangebots).
- **Kosten** die dem Konsumenten durch den Service **auferlegt** werden (die Kosten des Servicekonsums).

Einige Konsumenten beschreiben dies als die erforderliche „Investition" für den Konsum des Service.

Zwei Arten von Risiken

Definition Risiko

Ein mögliches Event, das zu **Schaden oder Verlust** führen oder das Erreichen von Zielen erschweren könnte. Kann auch als **Unsicherheit eines Ergebnisses** definiert werden und im Kontext der Wahrscheinlichkeitsmessung eines positiven als auch eines negativen Ergebnisses genutzt werden.

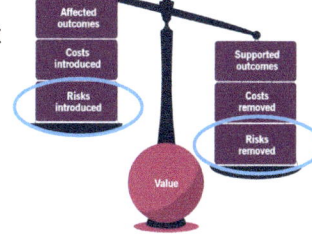

Aus Sicht des Servicekonsumenten gibt es zwei Risikoarten:

✓ **Risiken** die durch den Service für den Servicekonsumenten **wegfallen** (ein Teil des Werteangebots).

✓ **Risiken** die dem Konsumenten durch den Service **entstehen** (die Risiken des Servicekonsums).

Ein ausgewogenes Vorgehen ist erforderlich, um die Risiken während der gesamten Servicebeziehung zu reduzieren.

Definitionen von Utility und Warranty

Utility

ist die Funktionalität, die ein Produkt oder eine Service bietet, um einen bestimmten **Bedarf zu erfüllen**.

Das Utility kann als **„Was der Service tut"** zusammengefasst werden und kann verwendet werden, um zu bestimmen, ob ein Service die erforderlichen Ergebnisse erzielen kann, ob er „fit for purpose" ist.

Warranty

ist die **Garantie**, dass ein Produkt oder eine Service die vereinbarten **Anforderungen erfüllt.**

Warranty wird häufig bezeichnet als das, **„was der Service leistet"** und kann genutzt werden, um zu bestimmen, ob ein Service einsetzbar bzw. zur Nutzung geeignet ist, ob er „fit for use" ist.

Beide sind wichtig, um zu bestimmen, ob ein Service die gewünschten Ergebnisse erfüllt und Wert schafft.

© AXELOS Limited und Van Haren Publishing

Zusammenfassung

Wir sprachen über:

- ✓ die wichtigsten Konzepte im Servicemanagement, insbesondere das Wesen von Wert und gemeinsamer Wertschöpfung, Organisationen, Produkte und Services,
- ✓ die oft komplexen Beziehungen zwischen Service Providern und -konsumenten sowie den verschiedenen Stakeholdern.
- ✓ die Hauptkomponenten für den Verbrauchswert: Ergebnis, Kosten und Risiken und darüber, wie wichtig es für die Konzeption und Erbringung von Services ist, die Kundenanforderungen zu verstehen.
- ✓ Diese Konzepte werden in dieser Schulung weiter untersucht und eine Anleitung für ihre praktische und flexible Anwendung angeboten.
- ✓ Zum Ende dieses Abschnitts sollten Sie in der Lage sein, mehrere Definitionen abzurufen, sowie einige Schlüsselkonzepte zu verstehen und zu beschreiben.

© AXELOS Limited und Van Haren Publishing

Q: Identifizieren Sie das/die fehlende(n) Wort/Wörter im folgenden Satz.

Ein Service ist eine Möglichkeit, gemeinsamen Mehrwert zu schaffen, indem das Erreichen der von Kunden angestrebten [?] erleichtert wird.

- A. Warranty
- B. Ergebnisse
- C. Utility
- D. Outputs

Q: Wie lautet die Definition von Warranty?

- A. Ein materieller oder immaterieller Liefergegenstand, der durch die Ausführung einer Aktivität geschaffen wird
- B. Die Zusicherung, dass ein Produkt oder Service den vereinbarten Anforderungen entspricht
- C. Ein mögliches Event, das zu einem Schaden oder Verlust führen oder das Erreichen von Zielen erschweren könnte
- D. Die Funktionalität, die von einem Produkt oder Service angeboten wird, um einem bestimmten Bedürfnis gerecht zu werden

Q: Ein Service Provider beschreibt ein Paket, das einen Laptop mit Software, Lizenzen und Support umfasst.

Wofür ist dieses Paket ein Beispiel?

A. Wert

B. Ein Ergebnis

C. Warranty

D. Ein Serviceangebot

Q: Welches sind die zwei Arten von Kosten, die ein Servicekonsument beurteilen sollte?

A. Der Preis des Service und die Kosten der Erstellung des Service

B. Die Kosten, die durch den Service entfallen, und die Kosten, die durch den Service auferlegt werden

C. Die Kosten der Bereitstellung des Service und die Kosten der Verbesserung des Service

D. Die Kosten der Software und die Kosten der Hardware

Schulungsprogramm

- **Tag 1: Wichtige Service Management-Konzepte**
  - ✓ Wertschöpfung, Ergebnisse, Kosten und Risiken
  - ✓ Services und Servicebeziehungen
  - Die vier Dimensionen
  - Das ITIL Service Value System
  - Die Aktivitäten der Service-Wertschöpfungskette
  - Art und Verwendung der Grundprinzipien
- **Tag 2: Ausgewählte ITIL Practices und Schlüsselbegriffe**
  - Service Management Practices
  - Allgemeine Practices
  - Technische Practices

VIER DIMENSIONEN

Verständnis der vier Dimensionen des Service Managements

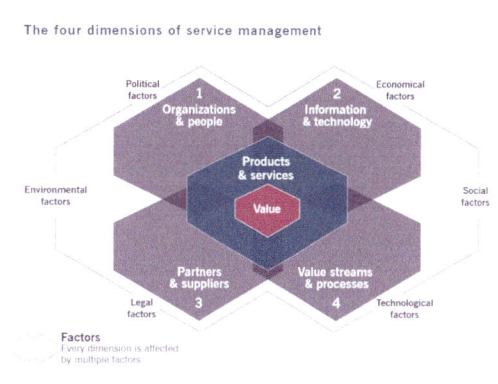

Die vier Dimensionen

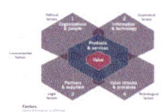

Diese Dimensionen sind in ITIL weit verbreitet. Sie wurden zuvor als „ die vier Ps von ITSM" bezeichnet. Sie sind für **alle Practices**, die gesamte **Service-Wertschöpfungskette** und das gesamte **Service Value System** (SVS) weiterhin relevant und von großem Einfluss.

Die vier Dimensionen sind:
- ✓ **Organisationen und Menschen**
- ✓ **Informationen und Technologie**
- ✓ **Partner and Lieferanten**
- ✓ **Wertströme und Prozesse**

Hinweis: *Die vier Dimensionen haben keine scharfen Grenzen und können sich mit allen verwalteten Services überschneiden und auf sie angewendet werden!*

1. Organisationen und Menschen

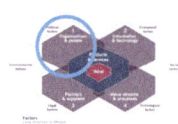

Die erste Dimension des Service-Managements - **Organisationen und Menschen** - ist wichtig, um sicherzustellen, dass die Weise in der eine Organisation **strukturiert** und **gehandhabt** wird gut definiert ist und die Gesamtstrategie und -methode unterstützt. Gleiches gilt für die **Rollen, Verantwortlichkeiten, Autoritätssysteme und Kommunikation**.

Andere wichtige Aspekte dieser Dimension sind:

✓ Eine **Kultur**, die ihre **Ziele, Kapazitäten und Kompetenzen** unter ihren Mitarbeitern unterstützt

✓ Führungskräfte befürworten **Werte**, die **Menschen motivieren** - **das Schlüsselelement**

✓ Ein Verständnis der **Schnittstellen**, um ein angemessenes Maß an **Zusammenarbeit** und **Koordination** sicherzustellen

✓ **Jeder** sollte sich auf **Wertschöpfung und breites Allgemeinwissen** konzentrieren

Die Annahme der ITIL-Grundprinzipien kann ein guter Ausgangspunkt sein.

2. Informationen und Technologie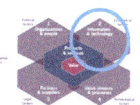

Die Technologien, die Service Management unterstützen, umfassen unter anderem:

- ✓ Workflow Management-systeme
- ✓ Wissensdatenbanken
- ✓ Bestandssysteme
- ✓ Kommunikationssysteme
- ✓ Analysetools

Die Kultur einer Organisation kann erhebliche Auswirkungen auf die ausgewählte Technologie haben.

Informationsmanagement

Informationsmanagement ist ein Mittel zur Schaffung von Mehrwert für ein Unternehmen. Generell sind **Informationen** der **zentrale Output** der meisten angebotenen IT-Services.

Eine weitere Hauptüberlegung dieser Dimension betrifft den **Informationsaustausch** zwischen Services und Servicekomponenten.

Die Informationsarchitektur muss **wohlverstanden** und **ständig optimiert** werden, unter Beachtung von Kriterien wie: **Verfügbarkeit, Zuverlässigkeit, Zugänglichkeit, Pünktlichkeit, Genauigkeit und Relevanz** der bereitgestellten Informationen.

Im Fokus dieser Dimension stehen zudem die **Sicherheit** und **die Einhaltung behördlicher Vorschriften**.

Technologie - wichtige Fragen

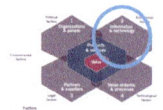

- Ist diese Technologie mit der derzeitigen Architektur der Organisation und ihrer Kunden kompatibel?
- Harmonieren die verwendeten Technologieprodukte miteinander?
- Könnten aufkommende Technologien (wie maschinelles Lernen, künstliche Intelligenz und das Internet der Dinge) den Service oder die Organisation stören?
- Führt diese Technologie zu Regulierungsfragen oder anderen Compliance-Problemen mit den Informationssicherheitskontrollen und Richtlinien der Organisation oder denen ihrer Kunden?
- Ist diese Technologie in naher Zukunft weiterhin rentabel?
- Möchte die Organisation das Risiko eingehen, alternde Technologie zu nutzen oder aber neue oder unerprobte Technologien einzuführen?

- Passt sich diese Technologie der Strategie des Providers oder der des Servicekonsumenten an?
- Verfügen in der Organisation und bei ihren Lieferanten genügend Mitarbeiter über die benötigten Fähigkeiten, um die Technologie zu unterstützen und zu warten?
- Verfügt diese Technologie über ausreichende Automatisierungsfunktionen, um sie effizient entwickeln, bereitstellen und nutzen zu können?
- Bietet diese Technologie zusätzliche Funktionen, die für andere Produkte oder Services verwendet werden können?
- Führt diese Technologie zu neuen Risiken oder Einschränkungen für die Organisation (z. B. Festlegung auf einen bestimmten Anbieter)?

© AXELOS Limited und Van Haren Publishing

ITSM – Cloud Computing

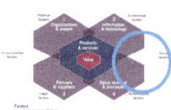

Definition Cloud Computing

- Ein Modell für das Freischalten eines On-Demand-Zugriffs auf einen gemeinsamen Pool konfigurierbarer Computing-Ressourcen, die mittels geringer oder minimaler Interaktion mit dem Provider schnell bereitgestellt werden können.
- Cloud Computing **verändert** die Servicearchitektur und die Aufteilung der **Verantwortlichkeiten** zwischen Konsumenten, Service Providern und ihren Partnern. Dadurch können neue und veränderte Services schneller zum Einsatz kommen und in sehr hoher Geschwindigkeit bereit gestellt werden.
- Angesichts des Einflusses von Cloud Computing auf Organisationen ist es wichtig, Entscheidungen über die Verwendung dieses Modells auf der strategischen Ebene der Organisation zu treffen, an der **alle Ebenen der Stakeholder** beteiligt sind, von der Unternehmensführung bis zum Betrieb.

© AXELOS Limited und Van Haren Publishing

Auswirkungen des Cloud Computing auf ITSM

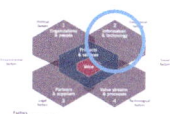

- ✓ **Ersetzt** eine zuvor vom Service Provider **verwaltete Infrastruktur** durch einen Cloud Service eines Partners.
- ✓ **Reduziert oder eliminiert** den Bedarf an Fachwissen und Ressourcen für das Infrastrukturmanagement.
- ✓ **Verschiebt den Schwerpunkt** von der Serviceüberwachung und -verwaltung von der betriebsinternen Infrastruktur in die Cloud.
- ✓ **Ändert** die **Kostenstrukturen** des Service Providers, indem spezifische Investitionskosten eliminiert und neue Betriebskosten eingeführt werden.**Führt höhere Anforderungen** an die Netzwerkverfügbarkeit und -sicherheit ein.
- ✓ **Führt neue** Sicherheits- und Compliance-Risiken und -Anforderungen **ein**, die sowohl für den Service Provider als auch für den Partner gelten, der den Cloud-Service bereitstellt.
- ✓ **Bietet Anwendern die Möglichkeit**, den Servicekonsum mithilfe von Self-Service, über einfache Standard-Requests oder sogar ganz ohne Requests zu skalieren.

© AXELOS Limited und Van Haren Publishing

Cloud Computing verändert Practices

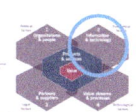

Zu den Practices, die von Cloud Computing betroffen sind, gehören unter anderem:

- ✓ Service Level Management
- ✓ Measurement and Reporting
- ✓ Information Security Management
- ✓ Service Continuity Management
- ✓ Supplier Management
- ✓ Incident Management
- ✓ Problem Management
- ✓ Service Request Management
- ✓ Service Configuration Management

© AXELOS Limited und Van Haren Publishing

3. Partner und Lieferanten

Jede Organisation und jeder Service ist in gewissem Maße **von Services anderer Organisationen abhängig**. Diese Dimension umfasst Beziehungen zu anderen Organisationen, die an **Entwurf, Entwicklung, Einsatz, Bereitstellung, Support und/oder kontinuierlicher Verbesserung** von Services beteiligt sind.

Form der Zusammenarbeit	Output	Verantwortung für die Ausgänge	Verantwortung für das Erreichen der Endergebnisse	Grad der Formalität	Beispiele
Warenlieferung	Gelieferte Waren	Lieferant	Kunde	Formaler Liefervertrag / Rechnungen	Beschaffung von Computern und Telefonen
Servicebereitstellung	Bereitgestellte Services	Provider	Kunde	Formaler Vertrag und flexible Fälle	Cloud Computing (Infrastruktur oder Plattform-as-a-Service)
Servicepartnerschaft	Gemeinsam geschaffener Wert	Geteilt zwischen Provider und Kunde	Geteilt zwischen Provider und Kunde	Gemeinsame Ziele, Allgemeine Verträge, flexible fallbasierte Arrangements	Mitarbeitereingliederung (geteilt zwischen HR, Facility-Management und IT)

© AXELOS Limited und Van Haren Publishing

Verschiedene Strategien der Kooperation

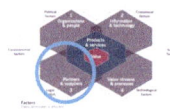

Die Formen der **Kooperation** hängen von der Strategie und den Zielen der Kundenbeziehungen ab. Die **Strategie** für die Bereitstellung von Partnern und Lieferanten sollte auf ihren **Zielen**, der **Kultur** und dem **Geschäftsumfeld** basieren.

Einflussfaktoren sind:

- ✓ **Strategische Ausrichtung** – Konzentriert man sich auf Kernkompetenzen oder bleibt man so autark wie möglich.
- ✓ **Unternehmenskultur** – Eingewurzelte kulturelle Voreingenommenheit lässt sich nur schwer ändern.
- ✓ **Ressourcenknappheit** – Ressourcen oder Fähigkeiten, an denen es mangelt, bezieht man über Lieferanten.
- ✓ **Kostenüberlegungen** – Es ist wirtschaftlicher, eine spezielle Anforderung von einem Lieferanten zu beziehen.
- ✓ **Fachwissen** – Es ist weniger riskant, einen Lieferanten mit Fachkompetenz zu beauftragen.
- ✓ **Externe Beschränkungen** – Vorschriften oder politische Zwänge können sich auf eine Strategie auswirken.
- ✓ **Nachfragemuster** – Kundenaktivität oder Nachfrage nach Services kann saisonal oder variabel sein.

© AXELOS Limited und Van Haren Publishing

Service Integration and Management

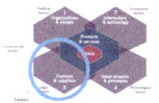

Eine Anwendungsmethode für die Partner- und Lieferantendimension in einer Organisation, ist das **Service Integration And Management (SIAM).**

Dabei stellt ein Integrator sicher, dass die Servicebeziehungen gut koordiniert sind.

Die Integration und Verwaltung von Services kann **innerhalb der Organisation** erfolgen, oder an einen **vertrauenswürdigen Partner delegiert** werden.

> Hinweis: „as a Service" - ein Bündel von Waren und Services in einem Produkt, das als Serviceprogramm verwendet werden kann.

4. Wertströme und Prozesse

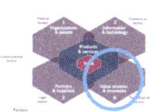

Die Dimension „Wertströme und Prozesse" gilt sowohl für das **Service Value System (SVS)** im Allgemeinen als auch für bestimmte **Produkte** und **Services**. In **beiden Kontexten** definiert sie Aktivitäten, Workflows, Steuerungen und Verfahren, die zur Erreichung vereinbarter Ziele erforderlich sind.

Die Dimension **konzentriert sich** sowohl darauf, welche **Aktivitäten** die Organisation durchführt und wie diese organisiert sind, als auch darauf, wie die Organisation **effektiv** und **effizient Wertschöpfung** für ihre Stakeholder **gewährleistet**.

ITIL bietet Service Providern ein **Betriebsmodell**, das **alle wichtigen Aktivitäten abdeckt**, die zur effektiven Verwaltung von Produkten und Services erforderlich sind, die **ITIL Service Wertschöpfungskette**. Das Betriebsmodell der ITIL Service Wertschöpfungskette ist **generisch**, kann jedoch in der Praxis **unterschiedlichen Mustern folgen**. Diese **Muster** innerhalb der ITIL Service Wertschöpfungskette werden als **Wertströme** bezeichnet.

Wertströme

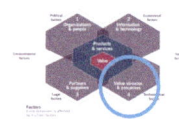

Definition Wertstrom

Eine **Reihe von Schritten**, die eine Organisation unternimmt, um Produkte und Services für Konsumenten zu entwickeln und bereitzustellen.

Ein Wertstrom ist eine **Kombination** der **Wertschöpfungsaktivitäten** einer Organisation.

Die Wertströme der Organisation zu erkennen und zu verstehen, ist für deren Leistungssteigerung von zentraler Bedeutung. Unternehmen erhalten durch die Strukturierung ihrer Service- und Produktportfolios auf Basis von Wertströmen eine **klare Vorstellung** von ihrem Lieferangebot, ihren Methoden und kontinuierlichen Verbesserungsmöglichkeiten.

Eine Wertstromoptimierung könnte die **Automatisierung** von **Prozessen** oder die Anwendung neu entstehender Technologien und Arbeitsweisen einschließen, um die Effizienz zu steigern, die Nutzererfahrung zu verbessern oder Verschwendung zu vermeiden. Wertströme sollten **umsetzbar** sein und **kontinuierlich verbessert** werden

Prozesse

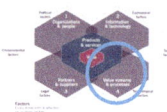

Definition Prozess

Eine Reihe von miteinander verbundenen oder interagierenden **Aktivitäten**, die **definierte Inputs** in **Outputs** umwandeln. Ein Prozess wandelt einen oder mehrere definierte Inputs in definierte Outputs um. Prozesse definieren die **Reihenfolge von Aktionen** und deren Abhängigkeiten.

Prozesse **beschreiben**, was **geschieht**, um ein **Ziel zu erreichen**. Klar definierte Prozesse können die Produktivität innerhalb von und zwischen Unternehmen steigern. Sie werden meist **konkretisiert** in **Verfahrensweisen**, die darlegen, wer am Prozess beteiligt ist, und in **Arbeitsanweisungen**, die erläutern, wie sie umgesetzt werden sollen.

Dieselbe Struktur (der Wertkette, Wertströme, Prozesse, Verfahrensweisen und Arbeitsanweisungen) gilt auch für Services: erfolgreich einen Service zu **entwickeln**, **anzubieten** und zu **verbessern**.

Externe Faktoren

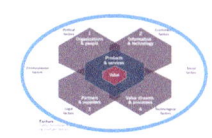

Weitere Faktoren, welche die vier Dimensionen beeinflussen sind:
- ✓ politische
- ✓ wirtschaftliche
- ✓ soziale
- ✓ technologische
- ✓ rechtliche und
- ✓ ökologische Faktoren

Gemeinsam haben diese Faktoren Einfluss darauf, wie Organisationen ihre Ressourcen konfigurieren und die vier Dimensionen des Servicemanagements angehen.

Zusammenfassung

Wir sprachen über:

- ✓ Die vier Dimensionen von ITSM:
  1. Organisationen und Menschen
  2. Information und Technologie
  3. Partner und Lieferanten
  4. Wertströme und Prozesse
- ✓ Andere externe Faktoren, die es zu beachten gilt, sind:
  - politische
  - wirtschaftliche
  - soziale
  - technologische
  - rechtliche und
  - ökologische Faktoren
- ✓ Jede Dimension wird von vielfaltigen Faktoren beeinflusst und wirkt sich auf das Verhalten von Serviceleistern aus.

Q: Welche Dimension des Service Managements konzentriert sich auf Aktivitäten und deren Koordination?

A. Organisationen und Menschen

B. Informationen und Technologie

C. Partner und Lieferanten

D. Wertströme und Prozesse

Q: Was ist KEIN zentraler Fokus der Dimension „Informationen und Technologie"?

A. Security und Compliance

B. Kommunikationssysteme und Wissensdatenbanken

C. Workflow-Management und Bestandssysteme

D. Rollen und Verantwortlichkeiten

Schulungsprogramm

- **Tag 1: Wichtige Service Management-Konzepte**
  - ✓ Wertschöpfung, Ergebnisse, Kosten und Risiken
  - ✓ Services und Servicebeziehungen
  - ✓ Die vier Dimensionen
  - Das ITIL Service Value System
  - Die Aktivitäten der Service-Wertschöpfungskette
  - Art und Verwendung der Grundprinzipien
- **Tag 2: Ausgewählte ITIL Practices und Schlüsselbegriffe**
  - Service Management Practices
  - Allgemeine Practices
  - Technische Practices

© AXELOS Limited und Van Haren Publishing

DAS ITIL SERVICE VALUE SYSTEM

Verständnis des Zwecks und der Komponenten des ITIL Service Value Systems (SVS)

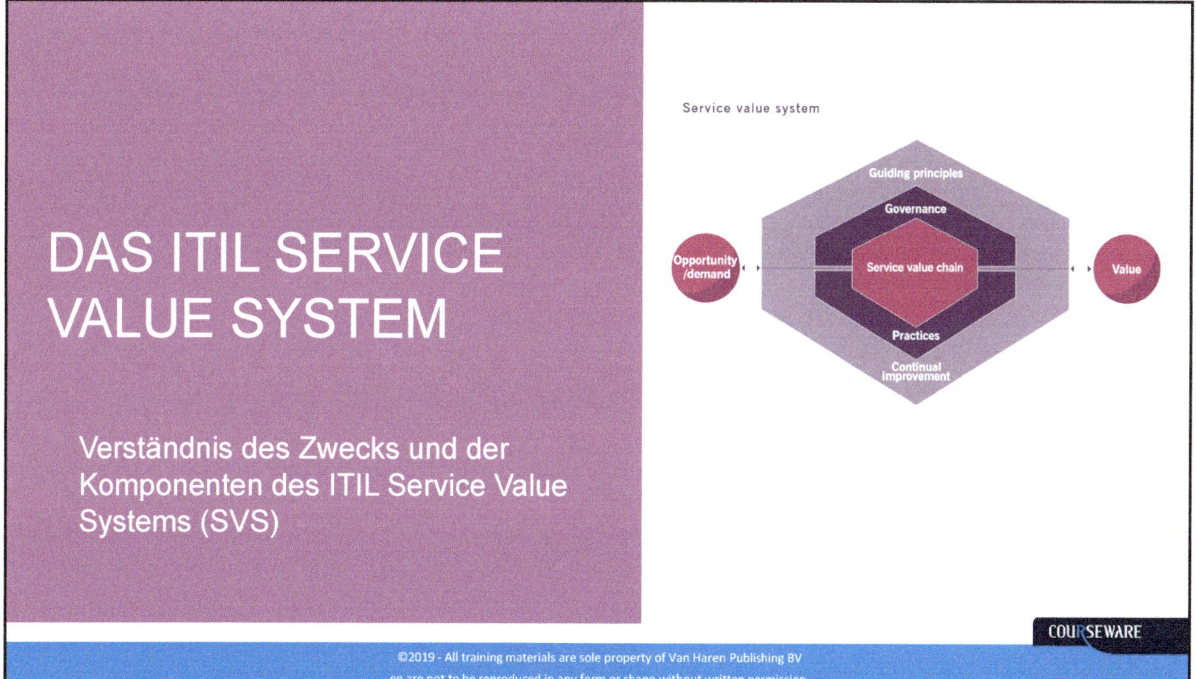

Das ITIL Service Value System (SVS)

Um Wertschöpfung zu ermöglichen, müssen **alle Komponenten und Aktivitäten** des Unternehmens **als ein System zusammenarbeiten.**

Die drei Hauptkomponenten des ITIL-SVS sind:

- ✓ **Inputs** in das System:
  - **Opportunity** (Möglichkeit) und **Demand** (Nachfrage)
- ✓ **Komponenten** des Systems:
  - Grundprinzipien
  - Governance
  - Service-Wertschöpfungskette
  - Practices
  - **Continual Improvement** (kontinuierliche Verbesserung)
- ✓ **Outputs** des Systems:
  - **Ziele** und **Wert** erreichen

Der Zweck des SVS

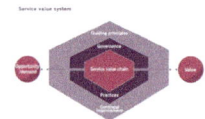

Der Zweck:
Sicherzustellen, dass die Organisation gemeinsam mit allen Stakeholdern durch die Verwendung und das Management von Produkten und Services fortlaufend gemeinsamen Wert schafft.

Das ITIL-SVS beschreibt, wie alle Komponenten und Aktivitäten der Organisation systematisch zusammenwirken, um Wertschöpfung zu ermöglichen.

Diese Aktivitäten stellen die Schritte dar, die eine Organisation zur Wertschöpfung unternimmt. Jede dieser Aktivitäten trägt zur Wertschöpfungskette bei, indem sie mittels unterschiedlicher Kombinationen von ITIL Practices spezifische Inputs in Outputs umwandelt. Dazu kann jede Aktivität auf interne und externe Ressourcen, Prozesse, Fähigkeiten und Kompetenzen aus einer oder mehreren Practices zurückgreifen.

Inputs, Output und Ergebnisse des SVS

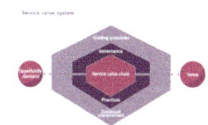

Das SVS einer Organisation hat Schnittstellen zu anderen Organisationen und bildet ein **Ökosystem**. Die Inputs und Outputs können folgendermaßen beschrieben werden:

Inputs:

Chance – Möglichkeiten oder Chancen, Stakeholdern zu einem Mehrwert zu verhelfen oder die Organisation anderweitig zu verbessern.

Nachfrage – Bedarf an oder Wunsch nach Produkten und Services bei innerbetrieblichen und externen Verbrauchern.

Output: Ein materieller oder immaterieller Liefergegenstand einer Aktivität

Ergebnis: Ein Resultat für einen Stakeholder, das durch einen oder mehrere Outputs ermöglicht wird

Wert – die wahrgenommenen Vorteile, der Nutzen und die Bedeutung von etwas.

Das ITIL SVS kann für eine große Gruppe von Stakeholdern die unterschiedlichsten Arten der Wertschöpfung ermöglichen.

Komponenten des SVS (1)

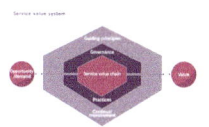

Grundprinzipien
- ✓ Empfehlungen, die eine Organisation unter allen Umständen leiten können, ungeachtet von Änderungen in ihren Zielen, Strategien, Arbeitsweisen oder Führungsstrukturen.

Governance
- ✓ Die Mittel, mit denen eine Organisation geführt und gesteuert wird.

Service-Wertschöpfungskette
- ✓ Eine Reihe miteinander verbundener Aktivitäten, die ein Unternehmen ausführt, um seinen Kunden ein Produkt oder eine Service von Wert zu liefern und die Wertrealisierung zu erleichtern.

Komponenten des SVS (2)

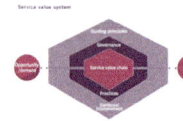

Practices
- ✓ Eine Reihe von Organisationsressourcen, die zur Durchführung von Aufgaben oder zur Erreichung eines Ziels bestimmt sind.

Continual Improvement (Kontinuierliche Verbesserung)
- ✓ Eine wiederkehrende organisatorische Aktivität, die auf allen Ebenen durchgeführt wird, um sicherzustellen, dass die Leistung einer Organisation stets den Erwartungen der Stakeholder entspricht.

Herausforderungen

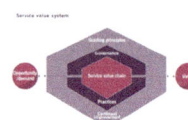

Unter sich ändernden Gegebenheiten können die Komponenten, Aktivitäten und Betriebsmittel **flexibel** in **immer neuen Kombinationen konfiguriert** und **rekonfiguriert** werden. Doch dazu ist die **Integration** und **Koordination** von Aktivitäten, Practices, Teams, Autoritäten und Verantwortlichkeiten vonnöten, und jede involvierte Partei muss wirklich effektiv sein.

- ✓ **Organisatorische Silos** erschweren ein effektives und effizientes Arbeiten mit einer gemeinsamen Vision oder agiler und widerstandsfähiger zu werden.
- ✓ **Silos** können sich gegen **Veränderungen** wehren und den **einfachen Zugriff auf Informationen und Fachwissen verhindern,** wodurch die Effizienz gemindert, Kosten und Risiken jedoch gesteigert werden.
- ✓ Silos erschweren zudem eine gute **Kommunikation** und **Zusammenarbeit** zwischen Gruppen.

Herausforderungen, denen das SVS wirksam begegnet

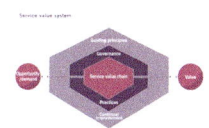

- Das ITIL-SVS wurde gezielt konzipiert, um **Flexibilität** zu **ermöglichen** und silobasiertes Arbeiten zu **verhindern**. Es ist <u>nicht</u> als **feste, starre Struktur** gedacht. Zwar werden Beispiele für Wertströme gegeben, diese sind jedoch **weder endgültig noch bindend**.
- Organisationen sollten fähig sein, ihre Wertströme **flexibel** und doch **sicher** und **effizient** stets neu zu definieren. Dazu müssen auf allen Ebenen der Organisation **kontinuierliche Verbesserungsmassnahmen** Aktivitäten durchgeführt werden.
- Die **Grundprinzipien** bilden die **Basis** für eine gemeinsame organisationsweite gemeinsame Unternehmenskultur. ITIL SVS **unterstützt viele Arbeitsansätze**, wie Agile, DevOps und Lean, ebenso wie herkömmliches Prozess- und Projektmanagement, mit einem **flexiblen, wertorientierten Betriebsmodell**.

Organisatorische Agilität und Resilienz

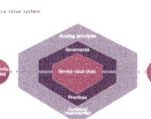

- **Organisatorische Agilität** ist die Befähigung einer Organisation, sich schnell, flexibel und entschlossen zu bewegen und anzupassen, um interne Veränderungen zu unterstützen.

- **Organisatorische Resilienz** ist die Fähigkeit einer Organisation, sowohl inkrementelle Veränderungen als auch plötzliche Beeinträchtigungen aus einer externen Perspektive zu antizipieren, sich auf diese vorzubereiten, darauf zu reagieren und sich an diese anzupassen. Dies erfordert ein gemeinsames **Verständnis** hinsichtlich der **Prioritäten** und **Ziele**.

Zusammenfassung

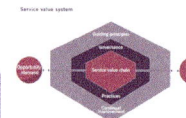

Wir sprachen über:

- Das ITIL-Service-Value-System (SVS) und dessen Zweck, Funktion, Struktur und Geschäftswert.
- Die drei Hauptkomponenten des SVS und deren Inhalt:
    Inputs:
    - Möglichkeiten und Bedürfnisse
    Komponenten:
    - Grundprinzipien
    - Governance
    - Service-Wertschöpfungskette
    - Practices
    - Continual Improvement
    Ergebnis:
    - Wert für Stakeholder
- Der Grund für die Architektur des SVS und wie es eine silobasierte Arbeitsweise verhindert.

Q: Welches ITIL-Konzept beschreibt Governance?

A. Die sieben Grundprinzipien

B. Die vier Dimensionen des Service Management

C. Die Service-Wertschöpfungskette

D. Das Servicewertsystem

Schulungsprogramm

- **Tag 1: Wichtige Service Management-Konzepte**
  - ✓ Wertschöpfung, Ergebnisse, Kosten und Risiken
  - ✓ Services und Servicebeziehungen
  - ✓ Die vier Dimensionen
  - ✓ Das ITIL Service Value System
  - Die Aktivitäten der Service-Wertschöpfungskette
  - Art und Verwendung der Grundprinzipien
- **Tag 2: Ausgewählte ITIL Practices und Schlüsselbegriffe**
  - Service Management Practices
  - Allgemeine Practices
  - Technische Practices

ITIL SERVICE-WERTSCHÖPFUNGSKETTE

Die Aktivitäten der Service-Wertschöpfungskette und deren Beziehung verstehen

Service value chain

Das zentrale Element des SVS

Das zentrale Element der SVS ist die **Service-Wertschöpfungskette**, ein Betriebsmodell, welches die zentralen Aktivitäten beschreibt, die erforderlich sind, um **auf Nachfrage zu reagieren** und die Realisierung von Wert durch die Schaffung und das Management von Produkten und Services zu unterstützen.

Es umfasst sechs Aktivitäten:

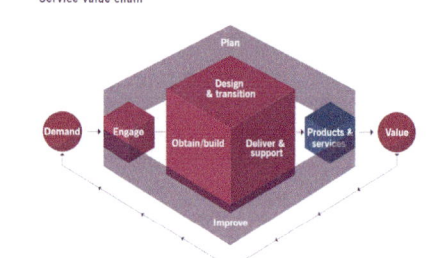

- ✓ **Planung**
- ✓ **Verbesserung**
- ✓ **Engagement**
- ✓ **Design und Transition**
- ✓ **Erhalten/Erstellen**
- ✓ **Bereitstellung und Support**

Service-Wertschöpfungskette

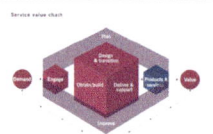

Die **Aktivitäten** sind miteinander **verbunden** und **interagieren mit einander**, um **Maßnahmen** zu ergreifen.

Die Aktivitäten der Service-Wertschöpfungskette verwenden Kombinationen von ITIL Practices, um ihre Inputs in Outputs umzuwandeln.

*Zum Beispiel: die **Engagement** Aktivität kann eine Reihe von Verfahren anwenden, z. B. Supplier Management, Service Desk, Relationship Management und Service Request Management, um auf neue Möglichkeiten und Anforderungen für Produkte und Services, Entscheidungen oder Informationen von verschiedenen Stakeholders zu reagieren.*

Servicewertströme

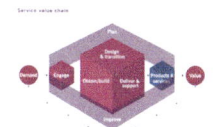

Servicewertströme sind **spezifische Kombinationen** von **Aktivitäten** und **Practices**. Jede ist **für ein bestimmtes Szenario konzipiert**. Einmal entworfen, sollten die Wertströme **der kontinuierlichen Verbesserung unterliegen**. Beispiele für generische Practices, die in vielen verschiedenen Szenarien als Unterstützung verwendet werden können:

- ✓ Geschäftsanalyse
- ✓ Entwicklung
- ✓ Testen
- ✓ Release und Rollout
- ✓ Unterstützung

Hinweis: Obwohl diese hochqualifizierten Schritte allgemein anwendbar sind, erfordern unterschiedliche Produkte und Kunden unterschiedliche Arbeitsabläufe.

Diese **Practices** werden je nach Szenario und Produkt oder Service in **unterschiedlichen Wertströme unterschiedlich** angewendet und kombinieren **unterschiedliche Practices** und **Wertschöpfungsketteaktivitäten**.

Planung

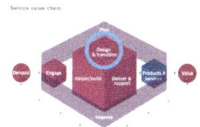

Das Zweck von Planung ist es, ein **gemeinsames Verständnis** der **Vision**, des aktuellen **Stands** und der Verbesserungsrichtung für alle vier Dimensionen und in allen Produkte und Dienstleistungen (Services) der Organisation sicherzustellen.

Hinweis: Planung **auf allen Ebenen** wird über die Aktivität **Planung** durchgeführt

Verbesserung

Der Zweck der Aktivität „Verbesserung" der Wertschöpfungsketten ist, eine „kontinuierliche Verbesserung" von Produkten, Services und Practices über **alle Aktivitäten** der Wertschöpfungskette und die vier Dimensionen des Service Managements hinweg **sicherzustellen**.

Note: Verbesserungen **auf allen Ebenen** werden iniitiert und gemanagt über **Verbesserung**

Engagement

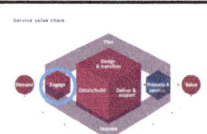

Der Zweck der Aktivität „**Engagement**" der Wertschöpfungsketten ist, ein gutes Verständnis der Bedürfnisse der Stakeholder, Transparenz, kontinuierliches Engagement und **gute Beziehungen zu allen Stakeholdern** zu fördern.

Hinweis: Alle **Eingehende und ausgehende** Interaktionen mit **Parteien außerhalb der** Wertschöpfungskette werden über **Engagement** durchgeführt

Design und Transition

Der Zweck der Aktivität „Design und Transition" der Wertschöpfungsketten ist sicherzustellen, dass **Produkte und Services die Erwartungen der Stakeholder an Qualität, Kosten und Zeit bis zur Markteinführung kontinuierlich erfüllen.**

Erhalten/Erstellen

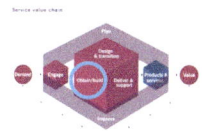

Der Zweck der Aktivität „Erhalten/Erstellen" der Wertschöpfungsketten ist sicherzustellen, dass Servicekomponenten **verfügbar** sind, **wann** und **wo** sie benötigt werden, und dass sie den **vereinbarten Spezifikationen entsprechen**.

Hinweis: Alle **neue ressourcen** werden durch Erhalten/Erstellen erhalten

Bereitstellung und Support

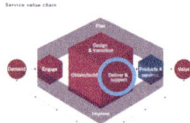

Der Zweck der „Bereitstellung und Support" der Werstschöpfungsketten ist sicherzustellen, dass die Services gemäß den **vereinbarten Spezifikationen und Erwartungen der Stakeholders bereitgestellt** und **supported** werden.

Agile-ITSM (1)

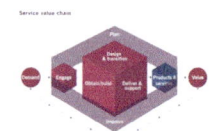

Damit eine Organisation erfolgreich sein kann, muss sie sich an wechselnde Bedingungen anpassen können und gleichzeitig funktionsfähig und effektiv bleiben

Viele Prinzipien der agilen Entwicklung können und sollten auf den Servicebetrieb und den Support angewendet werden..

Bei erfolgreicher Anwendung ermöglicht die agile Softwareentwicklung schnelle Reaktionen auf die sich verändernden Anforderungen von Servicekonsumenten.

Agile-ITSM (2)

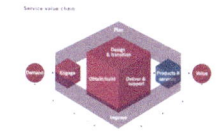

In vielen Organisationen hat agile Softwereentwicklung allerdings nicht die erwarteten Vorteile erbracht, was häufig dem Fehlen agiler Methoden in anderen Phasen des **Servicelebenszyklus** geschuldet war

Die Gesamtleistung der Wertschöpfungskette wird durch die **Leistung** des **langsamsten Teils bestimmt**.

Es sollte ein **ganzheitlicher Ansatz** für die **Service-Wertschöpfungskette** gewählt werden, damit der Service provider bei allen Aktivitäten agil ist.

Wenn **Agilität** als **Schlüsselprinzip** übernommen wird, kann sie einem Unternehmen ermöglichen, in einem sich ständig ändernden Umfeld zu überleben und Erfolg zu haben.

Auf **fragmentierte Weise** angewendet, können agile Methoden zu einer **kostspieligen** und **verschwenderischen** Komplikation werden.

Zusammenfassung

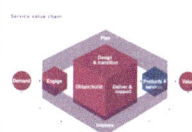

Wir sprachen über:

- Die Service-Wertschöpfungskette, ein Managementmodell, das einen Überblick über die wichtigsten Aktivitäten gibt, die erforderlich sind, um auf die Bedürfnisse einzugehen und die Wertrealisierung zu erleichtern, indem Produkte und Services geschaffen und verwaltet werden.
- Die sechs Hauptaktivitäten sind:
    - Planung
    - Verbesserung
    - Engagement
    - Design und Transition
    - Erhalten/Erstellen
    - Bereitstellung und Support
- Der Servicewert fließt als spezifische Kombination von Aktivitäten und Practices, die für ein bestimmtes Szenario konzipiert ist. Nach der Konzeption wird ein Wertestrom ständig verbessert.
- Die Notwendigkeit und möglicherweise positive Beeinflussung integrierter agiler Methoden in Kombination mit ITSM.

Q: Welche Wertschöpfungskettenaktivität erzeugt Servicekomponenten?

A. Verbesserung

B. Engagement

C. Erhalten/Erstellen

D. Bereitstellung und Support

Q: Welche Aussage zu den Aktivitäten der Wertschöpfungskette ist RICHTIG?

A. Jede Practice gehört zu einer bestimmten Aktivität der Wertschöpfungskette

B. Eine bestimmte Kombination von Aktivitäten der Wertschöpfungskette und Practices bildet eine Servicebeziehung

C. Aktivitäten der Wertschöpfungskette bilden einen einzelnen Workflow, der Wertschöpfung ermöglicht

D. Jede Aktivität der Wertschöpfungskette trägt zur Wertschöpfungskette bei, indem sie bestimmte Inputs in Outputs umwandelt

Q: Welche Wertschöpfungskettenaktivität umfasst die Aushandlung von Verträgen und Vereinbarungen mit Lieferanten und Partnern?

A. Engagement

B. Design und Transition

C. Erhalten/Erstellen

D. Bereitstellung und Support

Schulungsprogramm

- **Tag 1: Wichtige Service Management-Konzepte**
  - ✓ Wertschöpfung, Ergebnisse, Kosten und Risiken
  - ✓ Services und Servicebeziehungen
  - ✓ Die vier Dimensionen
  - ✓ Das ITIL Service Value System
  - ✓ Die Aktivitäten der Service-Wertschöpfungskette
  - Art und Verwendung der Grundprinzipien
- **Tag 2: Ausgewählte ITIL Practices und Schlüsselbegriffe**
  - Service Management Practices
  - Allgemeine Practices
  - Technische Practices

ITIL-GRUNDPRINZIPIEN

Verstehen, wie die grundlegenden ITIL-Prinzipien einer Organisation helfen können, das Service-Management anzunehmen und anzupassen

Was ist ein ITIL-Grundprinzip?

Ein ITIL-Grundprinzip ist eine Empfehlung, die eine Organisation **unter allen Situationen leitet**, unabhängig von Änderungen ihrer Ziele, Strategien, Arbeitsweisen oder Führungsstrukturen.

Ein **Grundprinzip** ist **universell** und beständig und gilt für alle Situationen und Managementebenen. Es ist **nicht vorgeschrieben** oder **obligatorisch**.

Es verkörpert die Kernbotschaft von ITIL und des Service-Managements im Allgemeinen. Sie unterstützt erfolgreiches Handeln und gute Entscheidungen aller Art und auf allen Ebenen.

Prinzip Interaktion und Relevanz

Grundlegende ITIL-Prinzipien interagieren miteinander und sind voneinander abhängig.

Hinweis: Organisationen sollten daher nicht nur ein oder zwei Prinzipien anwenden, sondern die Relevanz und Kohärenz jedes einzelnen prüfen und sie gemeinsam einsetzen.

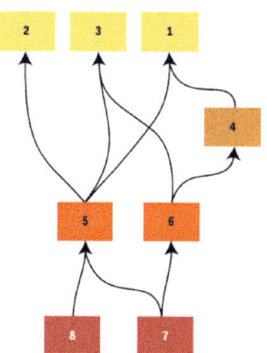

Die ITIL Grundprinzipien

Grundprinzip	BeschreibungFo
Wertorientierung	Alles, was die Organisation tut, muss direkt oder indirekt der Wertschöpfung für die Stakeholder dienen. Das Prinzip der Wertorientierung umfasst viele Perspektiven, so auch das subjektive Erleben von Kunden und Anwendern.
Dort beginnen, wo man steht	Beginnen Sie nicht mit einer Skizze und bauen Sie etwas Neues, ohne zu überlegen, was wiederverwendet werden kann, um Wert zu schaffen. Der aktuelle Zustand muss daher so objektiv wie möglich gemessen werden.
Iterative Weiterentwicklung mit Feedback	Versuchen Sie nicht, alles auf einmal zu tun. Selbst umfangreiche Initiativen müssen iterativ umgesetzt werden.
Zusammenarbeiten und Transparenz fördern	Langfristiger Erfolg wird durch die Zusammenarbeit aller Stakeholder gefördert. Das Erreichen von Zwecken erfordert Information, Verständnis und Vertrauen.
Ganzheitlich denken und arbeiten	Ein ganzheitlicher Ansatz erfordert Einblick in die Rolle aller vier Dimensionen, wobei alle Stakeholder integriert zusammenarbeiten.
Auf Einfachheit und Praktikabilität achten	Wenn ein Prozess, ein Service, eine Aktion oder eine Metrik keinen Wert liefert oder das beabsichtige Endergebnis nicht erzielt, stoppen Sie es. Verwenden Sie immer Ergebnisse als Ausgangspunkt für die Erstellung brauchbarer Lösungen.
Optimieren und automatisieren.	Alles muss so effektiv und effizient wie möglich gestaltet werden, wenn es sinnvoll ist. Automatisieren Sie häufige und sich wiederholende Aufgaben nach deren Optimierung. Standardisierung unterstützt die Automatisierung.

Die Agile Methodik

Die Agile-Methode ist eine Methode, die sich auf die **Bereitstellung** und **Ermittlung von Anforderungen** in **kleinen Teams** konzentriert. Es ist ein **zeitlicher**, flexibler und anpassungsfähiger Ansatz, der darauf ausgerichtet ist, **schnell** auf Changes zu reagieren.

Teams organisieren sich oft selbst und es besteht ein hohes Maß an Zusammenarbeit zwischen Kunden, Anwendern und Entwicklungsteams für jede sich bietende Gelegenheit.

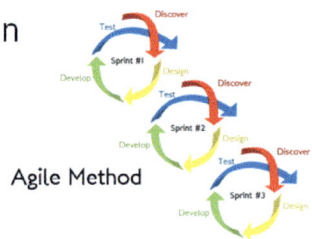

Agile Method

ITIL und Agile in Zusammenarbeit

ITIL kann Agile-Teams durch eine effektivere, schnellere und stabilere Bereitstellung im **Rahmen des umfassenderen Servicekonzeptes** ergänzen und die laufenden Kosten des Services senken.

Zusammenarbeit kann zu einer **Koordination** zwischen agilen Projekten und anderen Bereichen des Service oder Business führen, die möglicherweise **nicht mit agilen Methoden** funktionieren.

Agile teilt viele gemeinsame Themen mit ITIL, und zusammen können sie sich gegenseitig unterstützen, um hochwirksame Practices zu erstellen, darunter:

- ✓ **Continual improvement**
- ✓ **Problem Management**
- ✓ **Change Enablement**
- ✓ **Release Management**
- ✓ **Deployment Management.**

ITIL und DevOps in Zusammenarbeit

DevOps beruht auf dem zunehmenden Erfolg von Agile-Softwareprojekten, wodurch Organisationen **häufiger Software einführen**.

DevOps konzentriert sich auf den Prozess der Bereitstellung von Software in Produktionsumgebungen, wobei der Schwerpunkt auf der **Abstimmung der technischen Verwaltungsarbeit und der Bereitstellung** liegt.

Alles kommt zusammen

Agile Methoden konzentrieren sich auf zeitgesteuerte Iterationen, was zu Risiken für die Instabilität bestehender Services führt. Da es bei Agile um Automatisierung und Bereitstellungsgeschwindigkeit geht, kann es nützlich sein, auch mit DevOps zusammenzuarbeiten, um sicherzustellen, dass ITIL und Agile-Practices gut zusammenarbeiten.

Die agilen Rollen innerhalb von Teams können vielseitig sein und an ITSM-Rollen ausgerichtet werden. Beispiel:

✓ Produktmanager / -eigentümer können die Rolle des Serviceeigentümers übernehmen

✓ Scrum-Master können die Rolle des Change Managers übernehmen

✓ Scrum-Master führen bereits Retrospektiven durch und sorgen dafür, dass Lehren gezogen werden, die Teil der allgemeinen Praxis der kontinuierlichen Verbesserung sein können.

ITIL und Agile können gute Freunde sein. Ein agiles Team, das sich auf die Kundenbedürfnisse und -zufriedenheit konzentriert, wird den gesamten Service in kürzerer Zeit nutzen.

Prinzipien im Vergleich

Agile Manifest	ITIL-Grundprinzipien
Der Mensch und Interaktionen stehen über Prozessen und Werkzeugen	• Auf Einfachheit und Praktikabilität achten • Dort beginnen, wo man steht
Eine funktionierende Software steht über einer umfassenden Dokumentation	• Wertorientierung • Ganzheitlich denken und arbeiten
Die Mitwirkung des Kunden steht über Vertragsverhandlungen	• Wertorientierung • Zusammenarbeiten und Transparenz fördern
Auf Veränderung zu reagieren steht über der Verfolgung eines Plans	• Iterative Weiterentwicklung mit Feedback • Auf Einfachheit und Praktikabilität achten

Wertorientierung

Alle Aktivitäten, die von der Organisation durchgeführt werden, sollten, direkt oder indirekt, mit Wert für sie selbst, ihre Kunden und andere Stakeholder verknüpft sein.

Dieser **Wert kann verschiedene Formen haben, wie Umsatz, Kundentreue, niedrigere Kosten oder Wachstumschancen.**

Wer ist der Servicekonsument? Wenn Sie sich auf den Wert konzentrieren, müssen Sie **zunächst** wissen, **wer bedient wird**. In jeder Situation muss der Service Provider daher bestimmen, **wer der Servicekonsument ist** und **wer die Stakeholders** sind. Dabei sollte der Service Provider berücksichtigen, **wer** aus dem, was geliefert oder verbessert wird, **Nutzen zieht**

> *Hinweis: Erwägen Sie, verschiedene Gruppen von Stakeholders anzusprechen, nicht nur Kunden.*

Konsumentenperspektiven auf Wert

Der Service Provider muss verstehen, was für den Servicekonsumenten wirklich von Wert ist:

- ✓ **Warum** der Konsument die Services verwendet
- ✓ **Wobei** die Services dem Konsumenten helfen
- ✓ **Wie** die Services dem Konsumenten helfen, seine Ziele zu erreichen
- ✓ Die Rolle der **Kosten oder finanziellen Konsequenzen** für den Servicekonsumenten
- ✓ **Die Risiken** die für den Service-Konsumenten entstehen

Wert kann viele Formen annehmen, z. B. durch Produktivitätssteigerung, verringerte negative Auswirkungen, niedrigere Kosten, die Fähigkeit, neue Märkte zu erschließen oder erhöhte Wettbewerbsfähigkeit. Wert wird durch seine eigenen Anforderungen definiert, durch die Unterstützung angestrebter **Ergebnisse** und die **Optimierung** der **Kosten** und **Risiken** des Servicekonsumenten erzielt. Zudem verändert er sich im **Laufe** der **Zeit** und mit den **Umständen**.

Die Kunden- oder Anwendererfahrung

Ein wichtiges Element des Werts ist die **Erfahrung,** welche Verbraucher haben, wenn sie mit dem Service und dem Serviceeanbieter interagieren. Dies wird häufig in Customer Experience (**CX**) (Kundenzufriedenheit) oder User Experience (**UX**) (Anwenderfreundlichkeit) näher erläutert.

CX (oder UX) kann definiert werden als die Gesamtheit der Interaktionen, die ein Kunde (oder Anwender) mit einer Organisation und ihren Produkten hat.

Diese Erfahrung kann **bestimmen, wie der Kunde die Organisation und ihre Produkte und Services empfindet. Dies ist sowohl objektiv als auch subjektiv.**

Anwenden des Prinzips

- ✓ **Sie sollen wissen**, wie jeder Service von **Servicekonsumenten** verwendet wird

  Sammeln Sie laufend Feedback zum Wert, nicht nur zu Beginn der Servicebeziehung.

- ✓ Betonen Sie die **Wertorientierung** gegenüber allen Mitarbeitern

  Mitarbeiter sollen wissen, wer ihre Kunden sind, und CX verstehen.

- ✓ Behalten Sie bei normalen betrieblichen Aktivitäten genauso wie bei Verbesserungsinitiativen den **Fokus auf Wertorientierung**

  Die Organisation als Ganzes trägt zum Wert bei, den der Kunde wahrnimmt.

- ✓ Berücksichtigen Sie **die Wertorientierung** bei Verbesserungsinitiativen bei **jedem Schritt**

  Beteiligten müssen verstehen, welche Ergebnisse mit der Initiative unterstützt werden sollen, wie ihr Wert gemessen wird und wie sie zur gemeinsamen Schaffung des Werts Wertschöpfung beitragen sollen.

Dort beginnen, wo man steht

Bei der Beseitigung alter, erfolgloser Methoden oder Services um etwas Besseres zu erschaffen kann die **Versuchung** groß sein, die Errungenschaften der Vergangenheit vollständig **zu entfernen** und etwas völlig Neues aufzubauen.

Dies ist selten eine kluge Entscheidung und **meistens unnötig**. Im Gegenteil, es kann **höchst unwirtschaftlich** sein, nicht nur in Bezug auf die Zeit, sondern auch hinsichtlich des Verlusts bereits bestehender Services, Prozesse, Mitarbeiter und Werkzeuge, die von entscheidendem Wert für die Verbesserungsbemühungen sein könnten.

Machen Sie keinen Neuanfang, ohne sich vorher zu überlegen, welche bereits verfügbaren Ressourcen genutzt werden könnten.

Bewerten Sie, wo Sie sind

Bereits vorhandene Services und Methoden sollten direkt gemessen und/oder beobachtet werden, um deren aktuellen Zustand und zur erneuten Verwendung geeignete Komponenten richtig zu verstehen.

Entscheidungen über die weiteren Vorgehensweise sollten auf möglichst **genauen** Informationen basieren. Beachten Sie, dass zwischen Berichten und der Realität oft **Diskrepanzen** bestehen.

Daten von der Quelle zu erhalten hilft, Annahmen zu vermeiden.
Um dies sicherzustellen, denken Sie daran:
- ✓ Aktivitäten direkt beobachten.
- ✓ Dass es keine blöden Fragen gibt.
- ✓ Diese unterschiedlichen Rollen müssen Teil der Beobachtungen sein und Informationen aus erster Hand erhalten

Die Rolle von Messungen

Die Verwendung von Messungen ist bei diesem Prinzip wichtig. Sie sollten das, was beobachtet wird, allerdings unterstützen und nicht ersetzen, da eine übermäßige Abhängigkeit von Datenanalysen und Berichten unbeabsichtigt zu Verzerrungen und Risiken bei der Entscheidungsfindung führen kann.

Organisationen sollten **eine Reihe von unterschiedlichen Techniken** in Erwägung ziehen, um sich Wissen über die Umgebungen anzueignen, in denen sie arbeiten. Auch wenn manche Dinge nur **durch die Messung** ihrer Auswirkungen verstanden werden können, sollte die **direkte Beobachtung** stets die erste Wahl sein.

Metriken müssen aussagekräftig sein und sich direkt auf das gewünschte Ergebnis beziehen.

„ Wenn eine Messung zum Ziel wird, ist sie kein gutes Maß mehr"
Goodhart-Gesetz

Anwenden des Prinzips

Ein umfassendes Verständnis des aktuellen Status von Services und Methoden ist wichtig bei der Auswahl der Elemente, die erneut verwendet, geändert oder auf erweitert werden sollen.

Beachten Sie diese Empfehlungen:

✓ Sehen Sie, so objektiv wie möglich **was da ist**, und verwenden Sie das gewünschte Endergebnis als **Ausgangspunkt**.

✓ Wenn Beispiele für **erfolgreiche** Practices oder Services **gefunden** werden, **ermitteln** Sie, ob und wie sie **wiederholt** werden können, um den **gewünschten Status** zu erreichen.

✓ Nutzen Sie Ihre **Risikomanagement-Fachkenntnisse**.

✓ Seien Sie sich bewusst, dass **manchmal keine** der vorhandenen Ressourcen wiederverwendet werden kann.

© AXELOS Limited und Van Haren Publishing

Iterative Weiterentwicklung mit Feedback

✓ Widerstehen Sie der Versuchung, alles auf einmal umzusetzen. Durch die **Organisation** von Arbeiten in kleinen Schritten, die zeitnah ausgeführt und abgeschlossen werden können, wird der Fokus auf jede Anstrengung schärfer und leichter **aufeinanderfolgend oder gleichzeitig** aufrechtzuerhalten sein.

✓ Jede einzelne **Iteration** sollte sowohl handhabbar sein, als auch bewältigt werden, um sicherzustellen, dass es zeitnah greifbare Ergebnisse gibt, die als **Basis** für weitere **Verbesserungen** dienen.

✓ Das Gesamtprogramm sowie die dazugehörigen Iterationen müssen **fortlaufend neu bewertet** und möglicherweise überarbeitet werden, um geänderte Umstände zu berücksichtigen und sicherzustellen, dass die Wertorientierung nicht verloren gegangen ist.

✓ Diese Neubewertung sollte ein **breites Spektrum von Feedback-Kanälen und -Methoden** nutzen, um sicherzustellen, dass der **Status** der Initiative und ihr Fortschritt richtig verstanden werden.

© AXELOS Limited und Van Haren Publishing

Die Rolle des Feedbacks

Verbesserungsvorschläge können nicht im Vakuum stattfinden.

Unabhängig davon, ob ein Service, eine Gruppe von Services, eine Practice, ein Prozess, eine technische Umgebung oder ein anderes Service Management-Element verbessert werden soll: **Umstände** können sich **ändern** und neue Prioritäten entstehen, und die Notwendigkeit für die Iteration kann sich ändern.

Bitten Sie **vor, während** und **nach der Iteration** um Feedback.

Eine **Feedbackschleife** ist eine Situation, in der ein Teil des Outputs einer Aktivität als neuer Einput verwendet wird. Feedback muss in der **Wertschöpfungskette aktiv** gesammelt und verarbeitet werden, um Folgendes zu verstehen:

- ✓ **Endanwender- und Kundenwahrnehmung** des geschaffenen Wertes
- ✓ die **Effizienz und Effektivität** von Aktivitäten der Wertschöpfungskette
- ✓ die Effektivität von Service-**Governance** und **Management**kontrollen
- ✓ die **Schnittstellen** zwischen der Organisation und ihrem Netzwerk von Partnern und Lieferanten
- ✓ die **Nachfrage** nach Produkten und Services

Iteration und Feedback zusammen

Zeitgesteuertes, **iteratives** Arbeiten mit in den Prozess eingebetteten **Feedbackschleifen** bietet Raum für:

- ✓ **grössere Flexibilität**
- ✓ **schnellere** Reaktion auf Kunden- und Geschäftsanforderungen
- ✓ die **Befähigung**, Ausfälle schneller **erkennen** und darauf reagieren zu können
- ✓ eine allgemeine **Qualitätsverbesserung**

*Durch angemessene Feedback-Schleifen zwischen den Teilnehmern einer Aktivität können sie besser verstehen, woher ihre Aufgaben kommen, wohin ihre Outputs gehen und wie sich ihre Aktionen und Outputs auf die Ergebnisse auswirken, wodurch sie **bessere Entscheidungen** treffen können.*

Anwenden des Prinzips

Um dieses Prinzip erfolgreich anzuwenden, sollte man folgende Ratschläge überdenken:

- ✓ **Das große Ganze zu verstehen ist wichtig, aber Fortschritt auch. Tun Sie etwas.** Manchmal ist der Wunsch, alles verstehen und rechtfertigen zu wollen, der größte Feind iterativer Verbesserungen.
- ✓ **Das Umfeld verändert sich ständig, sodass Feedback unerlässlich ist.** Suchen Sie auf allen Ebenen und kontinuierlich nach Feedback.
- ✓ **Schnell bedeutet nicht unvollständig.** Erstellen Sie ein minimal funktionsfähiges Produkt oder eine Version, die mit wenig Aufwand ein Höchstmaß an Lernen ermöglicht.

© AXELOS Limited und Van Haren Publishing

Zusammenarbeiten und Transparenz fördern

Wenn bei Initiativen die richtigen Leute in den richtigen Rollen beteiligt werden, profitieren Bemühungen von einer stärkeren Zustimmung, erhöhter Relevanz (denn es stehen bessere Informationen für die Entscheidungsfindung zur Verfügung) und größeren langfristigen Erfolgsaussichten.

✓ **Inklusion** ist normalerweise besser als Exklusion.

✓ **Silos** können durch das Verhalten von Einzelpersonen und Teams entstehen, aber auch durch strukturelle Ursachen.

✓ Die **Anwendung** des Grundprinzips „Ganzheitlich denken und arbeiten" kann Organisationen helfen, Barrieren zwischen Arbeitssilos abzubauen.

✓ **Erkennen** der Notwendigkeit einer echten Zusammenarbeit. Ohne effektive Zusammenarbeit funktionieren weder DevOps, Agile, Lean noch andere ITSM-Frameworks oder -Methoden.

© AXELOS Limited und Van Haren Publishing

Transparenz schafft Vertrauen

Um auf eine Weise zusammenarbeiten zu können, die zu echten Ergebnissen führt, sind **Informationen, Verständnis und Vertrauen** erforderlich.

Aufgaben und deren Resultate sollten sichtbar gemacht werden, versteckte Interessen sollten vermieden werden und **Informationen so uneingeschränkt wie möglich geteilt** werden.

Je **mehr Menschen wissen**, was passiert und warum, desto eher sind sie bereit zu helfen. Wenn Aktivitäten hinter verschlossenen Türen stattfinden, können Mutmassungen und Gerüchte vorherrschen.

Widerstände gegen Veränderungen treten häufig auf, wenn hinter verschlossenen Türen operiert wird und die Mitarbeiter nicht wissen, was sich geändert hat, und darüber spekulieren, wie sich die Neuerungen auf sie auswirken könnten.

Mit wem sollte man zusammenarbeiten?

Die Identifikation und Verwaltung aller Stakeholder-Gruppen, mit denen eine Organisation zu tun hat, ist wichtig, da die für eine erfolgreiche Zusammenarbeit notwendigen Personen und Perspektiven aus diesen Stakeholder-Gruppen gewonnen werden können. Wie der Name schon sagt, ist **ein Stakeholder** jeder, der eine **Beteiligung** an den **Aktivitäten der Organisation** hat, einschließlich der Organisation selbst, ihrer Kunden und/oder Anwender und vieler anderer. Die Zahl der Stakeholder kann sehr groß sein.

Die erste und offensichtlichste Stakeholder-Gruppe sind die **Kunden**. Einigen Organisationen fällt der Umgang mit Kunden schwer.

Letztendlich führt die richtige Zusammenarbeit mit den Kunden jedoch zu besseren Ergebnissen für das Unternehmen, die Kunden und andere Stakeholder.

Weitere einzubeziehende Stakeholder:

- ✓ **Entwickler**, die mit anderen internen Teams zusammenarbeiten, um sicherzustellen, dass das, was entwickelt wird, effizient und effektiv betrieben werden kann. Arbeiten Sie mit technischen und nicht technischen operativen Teams zusammen.
- ✓ **Lieferanten**, die mit der Organisation zusammenarbeiten, um ihre Anforderungen zu definieren und Ideen für Lösungen für Kundenprobleme zu entwickeln.
- ✓ **Relationship-Manager** arbeiten mit Service-konsumenten zusammen, um ein umfassendes Verständnis der Anforderungen und Prioritäten von Servicekonsumenten zu erlangen.
- ✓ **Kunden arbeiten zusammen**, um ein gemeinsames Verständnis ihrer geschäftlichen Schwierigkeiten zu entwickeln.
- ✓ Interne und externe Lieferanten, die miteinander kooperieren, um gemeinsame Prozesse zu prüfen und Möglichkeiten zur Optimierung und Automatisierung zu identifizieren

Kommunikation für Verbesserung

Für jede Stakeholdergruppe ist es wichtig, die **effektivsten zu verwendenden Methoden** zu definieren.

Beispielsweise kann der Verbesserungsbeitrag von Kunden eines Public Cloud-Service in Form einer Umfrage oder Checkliste mit Optionen für verschiedene Funktionalitäten geleistet werden. Bei einer internen Kundengruppe kann der Verbesserungsbeitrag aus Feedback bestehen, das über einen Workshop oder ein Zusammenarbeitstool im Intranet der Organisation eingeholt wird.

Manche Mitwirkende müssen möglicherweise auf einer sehr **detaillierten Ebene** involviert werden, während **andere** einfach als **Prüfer** oder **Kontrollinstanzen** fungieren können.

Abhängig vom Service und der Beziehung zwischen dem Service Provider und dem Servicekonsumenten, können die Erwartungen an den Grad und die Art der Zusammenarbeit **stark variieren**.

Steigern der Dringlichkeit durch Transparenz

Wenn Stakeholder (sowohl intern als auch extern) einen **schlechten Einblick** in den Workload und den Arbeitsfortschritt haben, entsteht **der Eindruck, dass die Arbeit keine Priorität hat.**

Ebenso scheint, wenn Mitarbeiter Business-as-usual (BAU) betreiben, die **Optimierungsarbeit** ohne Unterstützung des Managements der Organisation **eine untergeordnete Priorität** zu haben. **Unzureichende Sichtbarkeit** von Arbeit führt zu Fehlentscheidungen. Um dies zu vermeiden, muss die Organisation kritische Analyseaktivitäten durchführen:

- ✓ Verstehen des Ablaufs von Work In Progress
- ✓ Identifizieren von Blockaden und überschüssiger Kapazität
- ✓ Aufdecken von Verschwendung

*Es ist wichtig, auf allen Ebenen die Anforderungen von Stakeholdern zu berücksichtigen und zu erfullen. In welcher Verbindung stehen diese zu der erklärten **Vision, der Mission und den Zielen** der Organisation? Die Bestimmung der Art, Methode und Häufigkeit einer derartigen Berichterstattung ist eine der zentralen Aktivitäten in der Kommunikation.*

Anwenden des Prinzips

Zusammenarbeit bedeutet nicht Konsens
Ein Konsens ist nicht notwendig.

Kommunizieren Sie so, dass die Zielgruppe erreichen
Die Wahl der richtigen Methode und Botschaft für ein bestimmtes Publikum ist für den Erfolg sehr wichtig.

Entscheidungen können nur auf Basis sichtbarer Daten getroffen werden
Eine Entscheidungsfindung ohne Daten ist riskant.

Ganzheitlich denken und arbeiten

Alle Services, Practices, Prozesse, Abteilungen und Lieferanten sind Teil eines größeren Netzwerks. Die Outputs, welche die Organisation für sich selbst, ihre Kunden und andere Stakeholder liefert, leiden, wenn sie nicht auf integrierte Weise arbeitet, um ihre Aktivitäten als Ganzes und nicht als getrennte Teile im Blick zu haben. Alle Aktivitäten der Organisation sollten sich auf die Bereitstellung von Wert konzentrieren.

Durch die Koordination und Integration der **vier Dimensionen des Servicemanagements** werden Services für interne und externe Servicekonsumenten bereitgestellt. Eine ganzheitliche Herangehensweise an das Servicemanagement beinhaltet Kenntnisse darüber, wie alle Teile einer Organisation integriert zusammenarbeiten. Sie erfordert eine durchgehende Sichtbarkeit in den Prozess, wie die Nachfrage erfasst und in Ergebnisse umgesetzt wird

In einem komplexen System kann die **Änderung eines Elements auf andere Elemente auswirken** und diese Auswirkungen müssen wenn möglich, identifiziert, analysiert und eingeplant werden.

Anwenden des Prinzips

Seien Sie sich Erkennen der Komplexität der Systeme bewusst. Unterschiedliche Komplexitätsgrade erfordern unterschiedliche Heuristiken für die Entscheidungsfindung. Die Anwendung von Methoden und Regeln, die für ein einfaches System entwickelt wurden, kann in einem komplexen System ineffektiv oder sogar abträglich sein.

Zusammenarbeit ist der Schlüssel zu ganzheitlichem Denken und Arbeiten, wenn für alle relevanten Stakeholder die richtigen Mechanismen für eine zeitnahe Zusammenarbeit geschaffen werden.

Suchen Sie nach Mustern in den Anforderungen von und Interaktionen zwischen Systemelementen, um herauszufinden, was für den Erfolg wesentlich ist. Mit diesen Informationen können Bedürfnisse antizipiert, Standards gesetzt und eine ganzheitlicher Standpunkt erreicht werden.

Automatisierung kann eine ganzheitliche Arbeitsweise **erleichtern**. Wenn die Möglichkeiten gegeben und ausreichende Ressourcen vorhanden sind, kann Automatisierung eine Ende-zu-Ende Transparenz für die Organisation unterstützen und ein effizientes Mittel für integriertes Management erstellen.

Auf Einfachheit und Praktikabilität achten

Verwenden Sie immer **nur so viele Schritte**, **wie** zum Erreichen eines Ziels **absolut nötig**. Ergebnisbasiertes Denken sollte verwendet werden, um **praktische Lösungen** zu produzieren, die **wertvolle Ergebnisse** liefern.

Wenn ein Prozess, ein Service, eine Maßnahme oder eine Messgröße nicht zur **Wertschöpfung** beiträgt bzw. kein nützliches Ergebnis erzielt, **sollte die Komponente entfernt werden.**

Dieses Prinzip mag offensichtlich erscheinen, wird jedoch **häufig ignoriert**. Das Ergebnis sind übermäßig komplexe Arbeitsmethoden, die weder die Ergebnisse maximieren, noch die Kosten minimieren.

Beim Erstellen von Prozessen oder Services müssen Designer auch **über Ausnahmen nachdenken**, sie können jedoch nicht alle berücksichtigen. Stattdessen sollten Regeln zum **allgemeinen Umgang mit Ausnahmen aufgestellt** werden.

Zielkonflikte

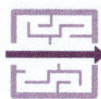

Achten Sie beim Entwerfen, Managen oder Ausführen von Practices auf **Zielkonflikte**.

So kann es z. B. sein, dass das Management einer Organisation eine große Datenmenge sammeln will, um Entscheidungen zu treffen, während die Mitarbeiter, welche für die Führung von Records zuständig sind, einen einfacheren Prozess wünschen, der weniger umfangreiche Dateneingaben erfordert.

Durch die Anwendung dieses und der anderen Grundprinzipien sollte die Organisation auf ein **Gleichgewicht zwischen ihren konkurrierenden Zielsetzungen vereinbaren.**

Zum obigen Beispiel: Services sollten nur Daten generieren, die einen Wert für den Entscheidungsprozess bieten, Records sollten vereinfacht und nach Möglichkeit automatisiert werden, um den Wert zu maximieren und nicht-wertschöpfende Arbeiten zu reduzieren.

Anwenden des Prinzips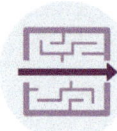

Empfehlungen, um es einfach und praktisch zu halten:
- ✓ **Sichern Sie Wert** – Jede Aktivität soll zur Wertschöpfung beitragen.
- ✓ **Einfachheit ist die höchste Form der Raffinesse**
- ✓ **Weniger Aufgaben erledigen, aber dafür besser** Wenn Aktivitäten auf solche reduziert werden, die für einen oder mehrere Stakeholder von Nutzen sind, ist es leichter, sich auf die Qualität dieser Maßnahmen zu konzentrieren.
- ✓ **Respektieren Sie die Zeit der beteiligten Personen** – Ein zu komplizierter und bürokratischer Prozess ist eine schlechte Nutzung der Zeit der beteiligten Personen.
- ✓ **Was leichter zu verstehen ist, wird eher angenommen** – um eine Practice zu verankern, der einfach zu folgen ist.
- ✓ **Einfachheit ist der beste Weg, um Quick Wins zu erzielen** – ob in einem Projekt oder bei der Verbesserung täglicher Betriebsabläufe: durch schnelle Gewinne können Unternehmen Fortschritt demonstrieren und die Erwartungen der Stakeholder bedienen. Das iterative Arbeiten mit Feedback wird zu einem schnellen, regelmäßigen Wertzuwachs führen.

Optimieren und automatisieren

Organisationen müssen den **Wert** der durch ihre personellen und technischen Ressourcen ausgeführten **Aktivitäten maximieren**.

Das **Vier-Dimensionen-Modell** bietet eine ganzheitliche Sicht auf die verschiedenen Einschränkungen, Ressourcentypen und andere Bereiche, die bei der Gestaltung, Verwaltung, Verwalten oder dem Betrieb einer Organisation berücksichtigt werden sollten.

Technologie kann Organisationen bei der Erweiterung unterstützen, nichtsdestotrotz sollte man sich **nicht auf eine Technologie ohne die Möglichkeit menschlichen Eingreifens verlassen.**

Bevor sie **effektiv automatisiert** werden können, sollten Aktivitäten **optimiert** werden. Optimierung bedeutet, etwas innerhalb eines fest gesetzten Rahmens so effektiv und nützlich zu machen wie nötig.

Der Weg zur Optimierung

Es gibt viele Möglichkeiten, wie Practices und Services optimiert werden können.

Die Practices „**Continual Improvement**" und „**Measurement and Reporting**" sind dafür **unerlässlich**. Die spezifischen Practices können sich auf **Leitlinien** von ITIL, Lean, DevOps, Kanban und anderen Quellen stützen. Unabhängig von den spezifischen Techniken folgt der Weg zur Optimierung diesen allgemeinen **Schritten**:

1. Den Kontext verstehen, in dem die vorgeschlagene Optimierung erfolgt, und sich entsprechend abstimmen.
2. Den aktuellen Zustand der vorgeschlagenen Optimierung bewerten
3. Darauf einigen, was der zukünftige Zustand und die Prioritäten der Organisation sein sollten, wobei der Schwerpunkt auf Vereinfachung und Wertschöpfung liegt
4. Sicherstellen, dass für die Optimierung ein angemessenes Maß an Engagement und Unterstützung der Stakeholder vorhanden ist .
5. Verbesserungen auf iterative Weise ausführen Verwenden Sie Messgrößen und anderes Feedback, um den Fortschritt zu überprüfen, den Kurs zu halten und den Ansatz zur Optimierung bei Bedarf anzupassen
6. Die Auswirkungen der Optimierung fortlaufend überwachen. Dies erleichtert es, Möglichkeiten zur Verbesserung der Arbeitsmethoden zu identifizieren.

Automatisierung verwenden

Unter Automatisierung versteht man typischerweise den **Einsatz von Technologie**, um einen Schritt oder eine Reihe von Schritten korrekt und kontinuierlich mit begrenztem oder keinem menschlichen Eingreifen auszuführen.

So beispielsweise in Organisationen, denen es um eine **kontinuierliche Weiterentwicklung** geht, durch **Live-Tests** und häufig **automatische Prüfungen**, die in jeder Umgebung vorkommen.

In ihrer einfachsten Form könnte Automatisierung jedoch auch Standardisierung und Rationalisierung **manueller Tätigkeiten** bedeuten. Effizienz lässt sich erheblich steigern, indem man den Bedarf an **menschlicher Beteiligung verringert**, um jeden Teil eines Prozesses zu stoppen und zu bewerten.

Gelegenheiten zur Automatisierung lassen sich im gesamten Unternehmen finden. **Standards und wiederkehrende Aufgaben** zu automatisieren kann dazu beitragen, der Organisation **Kosten** einzusparen, menschliche **Fehler** zu reduzieren und die **Mitarbeitererfahrung** zu verbessern.

Anwenden des Prinzips

- ✓ **Vereinfachen und/oder optimieren Sie Vorgänge, bevor Sie automatisieren.** Nehmen Sie sich Zeit, die standardmässigen und wiederkehrenden Prozesse so weit wie möglich abzubilden und zu rationalisieren (zu optimieren). Dann können Sie mit der Automatisierung beginnen.
- ✓ **Definieren Sie Ihre Messgrössen.** Verwenden Sie dieselben Messgrössen, um die Baseline zu definieren und die erreichten Ergebnisse zu messen. Stellen Sie sicher, dass die Messgrössen ergebnis- und wertorientiert sind.
- ✓ **Beachten Sie auch die anderen Grundprinzipien, wenn Sie dieses anwenden:**
- **Iterative Weiterentwicklung mit Feedback.** Iterative Optimierung und Automatisierung machen Fortschritte sichtbar und erhöhen das Buy-In der Stakeholder.
- **Auf Einfachheit und Praktikabilität achten.** Die Dinge können einfach sein, aber nicht optimiert. Verwenden Sie also die Prinzipien zusammen.
- **Wertorientierung** Die Auswahl, was wie optimiert und automatisiert werden könnte, sollte auf dem bestmöglichen Wert basieren.
- **Dort beginnen, wo man steht.** Nutzen Sie bereits Vorhandenes, aber nicht oder unzureichend genutztes, um Optimierungs- und Automatisierungsmöglichkeiten schnell und wirtschaftlich umzusetzen.

Zusammenfassung

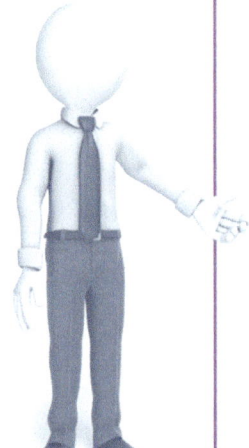

Wir sprachen über:

- ✓ Dieser Abschnitt umfasste die ITIL-Grundprinzipien und wie sie unter allen Umständen angewendet werden können, unabhängig von Änderungen bei den Zielen, Strategien, Arbeitsweisen oder der Managementstruktur. Ein Leitsatz ist universell und beständig.
- ✓ Die ITIL-Grundprinzipien sind :
  - Wertorientierung
  - Dort beginnen, wo man steht
  - Iterative Weiterentwicklung mit Feedback
  - Zusammenarbeiten und Transparenz fördern
  - Ganzheitlich denken und arbeiten
  - Auf Einfachheit und Praktikabilität achten
  - Optimieren und automatisieren
- ✓ Diese Prinzipien kommen auch in vielen anderen Frameworks, Methoden, Standards, Philosophien und/oder Wissensbeständen wie Lean, Agile, DevOps und COBIT zum Tragen. Dies ermöglicht es Organisationen, die Verwendung mehrerer Methoden effektiv in einen Gesamtansatz für das Service Management zu integrieren.

Q: Welche Aussage beschreibt das Wesen der Grundprinzipien?

A. Grundprinzipien können eine Organisation in allen Situationen leiten

B. Jedes Grundprinzip fordert spezifische Aktionen und Entscheidungen

C. Eine Organisation wählt und übernimmt nur eines der sieben Grundprinzipien

D. Grundprinzipien beschreiben die Prozesse, die alle Organisationen übernehmen müssen

Q: Was ist eine zentrale Überlegung des Grundprinzips „Auf Einfachheit und Praktikabilität achten"?

A. Versuchen, eine Lösung für jede Ausnahme zu erstellen

B. Verstehen, wie jedes Element zur Wertschöpfung beiträgt

C. Die widerstreitenden Zielsetzungen verschiedener Stakeholder ignorieren

D. Mit einer komplexen Lösung beginnen, dann vereinfachen

Q: Welches Grundprinzip empfiehlt, Aufgaben in kleinere, handlichere Schritte zu unterteilen, die in einem übersichtlichen Zeitrahmen ausgeführt und abgeschlossen werden können?

A. Wertorientierung

B. Dort beginnen, wo man steht

C. Iterative Weiterentwicklung mit Feedback

D. Zusammenarbeiten und Transparenz fördern

Q: Was ist der erste Schritt des Grundprinzips „Wertorientierung"?

A. Die Ergebnisse identifizieren, die der Service ermöglicht

B. Alle Lieferanten und Partner identifizieren, die am Service beteiligt sind

C. In jeder Situation bestimmen, wer der Service-Consumer ist

D. Die Kosten für die Bereitstellung des Service bestimmen

Schulungsprogramm

- ✓ **Tag 1: Wichtige Service Management-Konzepte**
  - ✓ Wertschöpfung, Ergebnisse, Kosten und Risiken
  - ✓ Services und Servicebeziehungen
  - ✓ Die vier Dimensionen
  - ✓ Das ITIL Service Value System
  - ✓ Die Aktivitäten der Service-Wertschöpfungskette
  - ✓ Art und Verwendung der Grundprinzipien
- **Tag 2: Ausgewählte ITIL Practices und Schlüsselbegriffe**
  - Service Management Practices
  - Allgemeine Practices
  - Technische Practices

SERVICE MANAGEMENT PRACTICES

ITIL Management Practices kennen und verstehen

ITIL Management practices

General management practices	Service management practices	Technical management practices
Architecture management	Availability management	Deployment management
Continual improvement	Business analysis	Infrastructure and platform management
Information security management	Capacity and performance management	Software development and management
Knowledge management	**Change control**	
Measurement and reporting	**Incident management**	
Organizational change management	IT asset management	
Portfolio management	Monitoring and event management	
Project management	**Problem management**	
Relationship management	Release management	
Risk management	Service catalogue management	
Service financial management	Service configuration management	
Strategy management	Service continuity management	
Supplier management	Service design	
Workforce and talent management	**Service desk**	
	Service level management	
	Service request management	
	Service validation and testing	

© AXELOS Limited und Van Haren Publishing

IT-asset Management

Zweck

Der Zweck der IT Asset Management Practice ist das Planen und Verwalten des gesamten Lebenszyklus aller IT-Assets, um die Organisation bei Folgendem zu unterstützen:

- ✓ Wert maximieren
- ✓ Kosten kontrollieren
- ✓ Risiken managen
- ✓ Entscheidungsfindung bzgl. Kauf, Wiederverwendung, Stilllegung und Entsorgung von Assets unterstützen
- ✓ regulatorische und vertragliche Anforderungen erfüllen

> **Definition: IT-Asset** Jede finanziell wertvolle Komponente, die zur Bereitstellung eines IT-Produkts oder Erbringung eines IT-Service beitragen kann.

© AXELOS Limited und Van Haren Publishing

Monitoring and Event Management

Zweck

Der Zweck der Monitoring and Event Management Practice ist das systematische Beobachten von Services und Servicekomponenten sowie das Aufzeichnen und Erstellen von Berichten zu ausgewählten Statusänderungen, die als Events identifiziert wurden.

Diese Practice identifiziert und priorisiert Infrastruktur, Services, Geschäftsprozesse und Informationssicherheits-Events; ebenfalls reagiert sie angemessen auf diese Events und auf Gegebenheiten die auf potenzielle Fehler oder Incidents hinweisen.

Definition: Event Jede Statusänderung, die für das Management eines Service oder eines anderen Configuration Items (CI) von Bedeutung ist. Events werden normalerweise durch Benachrichtigungen erkannt, die von einem IT Service, CI oder Monitoring-Tool erstellt werden.

Release Management

Zweck

Der Zweck der Release Management Practice ist das Zurverfügungstellen neuer und geänderter Services und Funktionen.

Definition: Release Eine Version eines Service oder eines anderen Configuration Items oder eine Sammlung von Configuration Items, die zur Verwendung bereitgestellt wird.

Release Management in verschiedenen Umgebungen

1. Release-Management in einer traditionellen/Waterfall-Umgebung

2. In einer Agile/DevOps-Umgebung

Service Configuration Management

Zweck

Der Zweck der Service Configuration Management Practice ist es sicherzustellen, dass jederzeit und überall genaue und zuverlässige Informationen über die Konfiguration von Services und die unterstützenden CIs verfügbar sind. Dies schließt Informationen dazu ein, wie CIs konfiguriert sind, und über die Beziehungen zwischen diesen.

Definition: Configuration Item Alle Komponenten, die gemanagt werden müssen, um einen IT Service bereitstellen zu können.

Change Enablement

Zweck

Der Zweck der Change Enablement Practice ist die Maximierung der Anzahl erfolgreicher Service- und Produktänderungen durch das Sicherstellen, dass Risiken richtig bewertet wurden, die Genehmigung von Changes und die Verwaltung des Change-Kalenders.

Definition: Change Das Hinzufügen, Modifizieren oder Entfernen eines Elements, das direkte oder indirekte Auswirkungen auf Services haben könnte.

Scope

Der Umfang der Change Enablement wird von jeder Organisation definiert. Sie umfasst i. d. R. die gesamte IT-Infrastruktur, Anwendungen, Dokumentation, Prozesse, Lieferantenbeziehungen und alles, was direkt oder indirekt Auswirkungen auf ein Produkt oder einen Service haben kann.

Change Enablement muss die Notwendigkeit, vorteilhafte Changes, die einen zusätzlichen Nutzen bringen, vorzunehmen, mit der Notwendigkeit in Einklang bringen, Kunden und Anwender vor den negativen Auswirkungen von Changes zu schützen..

Es ist wichtig, Change Enablement von Organizational Change Management zu unterscheiden! **Organizational Change Management** bearbeitet die mitarbeiterbezogenen Aspekte von Changes, damit Verbesserungen und organisatorische Transformationsinitiativen erfolgreich implementiert werden. Der Fokus der **Change Enablement** liegt normalerweise auf Changes an Produkten und Services.

Drei Arten von Changes

- ✓ Standard-Changes
  - Vorautorisierte Changes mit geringem Risiko, die wohlverstanden und umfassend dokumentiert sind und ohne zusätzliche Autorisierung implementiert werden können.
- ✓ Normale Changes
  - Changes, die nach einem Standardprozess geplant, bewertet und autorisiert werden müssen. **Change-Modelle**, die auf dem Typ von Change basieren, bestimmen die Rollen für die Bewertung und Autorisierung. Auslöser für die Initiierung eines normalen Changes ist das Erstellen eines **Change Request**.
- ✓ Notfall-Changes
  - Changes, die so schnell wie möglich umgesetzt werden müssen. Notfall Changes sind normalerweise nicht in einem Change-Kalender enthalten, und der Prozess der Bewertung und Autorisierung wird beschleunigt, damit sie schnell implementiert werden können.

Change-Autorität

- ✓ **Alle Changes** sollten von Personen **bewertet** werden, die in der Lage sind, die **Risiken** und den erwarteten **Nutzen** zu **verstehen**. Danach müssen die Changes – **vor** ihrer **Anwendung** – **autorisiert** werden.
- ✓ Die Person oder Gruppe, die einen Change autorisiert, wird als eine **Change-Autorität** bezeichnet.
- ✓ Es ist wichtig, dass **jedem Change-Typ** die richtige Change-Autorität **zugewiesen** wird, damit Change Enablement sowohl effizient als auch effektiv sein kann.

Change-Kalender

Der Change-Kalender wird **verwendet**, um die **Planung** von Changes zu **unterstutzen**, die **Kommunikation** zu **vereinfachen**, **Konflikte** zu **vermeiden** und **Ressourcen zuzuweisen**. Er kann nach der Bereitstellung von Changes verwendet werden, um **Informationen zur Verfügung zu stellen**, die für das Incident Management, das Problem Management und die Verbesserungsplanung erforderlich sind.

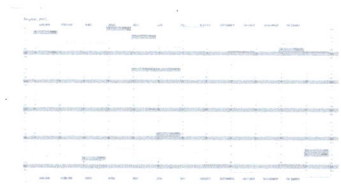

Incident Management

Zweck Der Zweck der Incident Management Practice ist das Minimieren der negativen Auswirkung von Incidents, indem der normale Servicebetrieb schnellstmöglich wiederhergestellt wird.

Definition: Incident Eine nicht geplante Unterbrechung eines Services oder eine Qualitätsminderung eines Service.

Incident Management Prozess

- ✓ **Es sollte einen formellen Prozess zum Protokollieren und Verwalten von Incidents geben.**
  - Dieser Prozess enthält in der Regel keine detaillierten Verfahrensanweisungen zur Diagnose, Untersuchung und Behebung von Incidents, kann jedoch Techniken bereitstellen, um Untersuchungen und Diagnosen effizienter zu gestalten.
  - Während des Erstkontakts können Skripts zum Sammeln von Informationen von Benutzern vorhanden sein, die direkt zur Diagnose und Lösung einfacher Incidents führen können.
  - Die Untersuchung komplizierterer Incidents erfordert häufig Wissen und Sachverstand und keine Verfahrensschritte.
  - In der Regel gibt es separate Prozesse zum Managen von Major Incidents und von Incidents im Bereich der Informationssicherheit.

- ✓ Organisationen sollten ihre Incident Management Practice so gestalten, dass sie ein geeignetes Management and eine entsprechende Ressourcenzuweisung fur unterschiedliche Arten von Incidents gewahrleistet.
  - Incidents mit geringen Auswirkungen müssen effizient gemanagt werden, damit sie nicht zu viele Ressourcen verbrauchen.
  - Incidents mit größeren Auswirkungen erfordern möglicherweise mehr Ressourcen und ein komplexeres Management.

Wer kann Incidents lösen?

Incidents können je nach Komplexität der Schwierigkeit oder Incident-Art von Personen in vielen verschiedenen Gruppen diagnostiziert und gelöst werden:

- ✓ Manche Incidents werden von den Anwendern selbst unter Verwendung der Selbsthilfe gelöst.
  - Die Verwendung bestimmter Selbsthilfe-Records sollte erfasst werden, urn sie bei Messungs- and Verbesserungsaktivitäten zu nutzen.
- ✓ Manche Incidents werden vom Service Desk gelöst.
- ✓ Komplexere Incidents werden in der Regel zur Lösung an ein Support-Team eskaliert.
  - Normalerweise basiert die Weiterleitung auf der Incident-Kategorie, die es erleichtern sollte, das richtige Team zu ermitteln.
- ✓ Incidents können an Lieferanten oder Partner eskaliert werden, die Support für die von ihnen gelieferten Produkte und Services bieten.
- ✓ Besonders komplexe Incidents and alle Major Incidents erfordern oft, dass ein temporares Team gemeinsam an der Ermittlung der Lösung arbeitet.
  - Dieses Team kann Vertreter vieler Stakeholder umfassen, z. B. den Service Provider, Lieferanten, Anwender usw.
- ✓ In gravierenden Fällen können zur Lösung eines Incidents Notfallwiederherstellungspläne eingeleitet werden.

IT Service Management-Tools

Informationen über Incidents sollten in Incident Records in einem geeigneten Tool gespeichert werden. Es ist wichtig, dass Mitarbeiter, die an einem Incident arbeiten, zeitnah ausführliche Aktualisierungen bereitstellen.

Auswirkungen auf das Business

Das Incident Management kann erhebliche Auswirkungen auf die Kunden- und Anwenderzufriedenheit haben und darauf, wie Kunden und Anwender den Service Provider wahrnehmen.

- ✓ Jeder Incident sollte erfasst und gemanagt werden, um sicherzustellen, dass er innerhalb eines Zeitfensters gelöst wird, **das die Erwartungen des Kunden und Anwenders erfüllt.**
- ✓ **Ziellösungszeiten** werden vereinbart, dokumentiert und kommuniziert, um sicherzustellen, **dass die Erwartungen realistisch sind.**
- ✓ Incidents werden auf Basis einer vereinbarten Klassifizierung priorisiert, um sicherzustellen, dass Incidents mit den **höchsten geschäftlichen Auswirkungen zuerst gelöst werden.**

Problem Management

Zweck Der Zweck der Problem Management Practice ist das Reduzieren der Eintrittswahrscheinlichkeit und der Auswirkung von Incidents durch die Identifizierung tatsächlicher und potenzieller Ursachen von Incidents und das Management von Workarounds und Known Errors.

> **Definition: Problem** Eine Ursache oder mögliche Ursache eines oder mehrerer Incidents.

> **Definition: Workaround** Eine Lösung, die die Auswirkungen von Incidents oder Problemen reduziert oder beseitigt, für die noch keine vollständige Lösung verfügbar ist. Einige Workarounds verringern die Wahrscheinlichkeit des Auftretens von Incidents. .

> **Definition: Known Error** Ein Problem, das analysiert, aber nicht gelöst wurde.

Problems vs. Incidents

Probleme sind mit Incidents verwandt, sollten jedoch unterschieden werden, da sie auf unterschiedliche Weise gemanagt werden:

✓ Incidents wirken sich auf Anwender oder Geschäftsprozesse aus und müssen behoben werden, damit der normale Geschäftsbetrieb laufen kann.

✓ Probleme sind die Ursachen von Incidents. Sie erfordern eine Untersuchung und Analyse, um die Ursachen zu ermitteln, Workarounds zu entwickeln und eine längerfristige Lösung zu empfehlen. Dies reduziert die Anzahl und die Auswirkungen künftiger Incidents.

Die drei Phasen des Problem Managements

Hinweis Viele Aktivitäten des Problem Managements basieren auf dem Wissen und den Erfahrungen von Mitarbeitern anstatt auf der Befolgung detaillierter Verfahren. Die für die Diagnose von Problemen Verantwortlichen benötigen häufig die Befähigung, komplexe Systeme zu verstehen um erkennen zu können, wie die Ausfälle passiert sind.

Problemidentifizierung

Problemerkennungshandlungen identifizieren und protokollieren Problems. Diese umfassen:
- ✓ Durchführen einer Trendanalysen von Incident Records
- ✓ Erkennung doppelter und wiederkehrender Schwierigkeiten durch Anwender, Service Desk und Mitarbeiter des technischen Supports
- ✓ während eines Major Incidents: ein Risiko zu entdecken, dass ein Incident erneut auftreten könnte
- ✓ Analyse der von Lieferanten und Partnern erhaltenen Informationen
- ✓ Analyse der von internen Softwareentwicklern, Test- und Projektteams erhaltenen Informationen

Andere Informationsquellen können auch zur Identifizierung von Problems führen.

Problemsteuerung

Zu den Aktivitäten zur Problem Control gehören:
- ✓ Problemanalyse
  - Probleme werden für die Analyse auf Basis des Risikos priorisiert, das sie darstellen, und werden auf Basis der möglichen Auswirkungen und Wahrscheinlichkeit als Risiken gemanagt
  - Es ist nicht erforderlich, jedes Problem zu analysieren; es kann wichtiger sein, bei den Problemen der höchsten Priorität Fortschri machen, als jedes geringfügige Problem zu untersuchen, das der Organisation bekannt ist.
- ✓ Dokumentieren von Workarounds
- ✓ Dokumentieren von Known Errors.

Workarounds

Wenn ein Problem nicht schnell gelöst werden kann, ist es oft hilfreich, auf Basis eines Verständnisses des Problems einen Workaround für künftige Incidents zu finden und zu dokumentieren.
- ✓ Workarounds werden in Problem Records dokumentiert. Dies kann in jeder Phase geschehen; es muss nicht gewartet werden, bis die Analyse abgeschlossen ist.
- ✓ Wenn ein Workaround frühzeitig in der Problemsteuerung dokumentiert wurde, sollte dieser nach Abschluss der Problemanalyse überprüft und verbessert werden.

Ein effektiver Workaround für einen Incident kann zu einem dauerhaften Umgang mit Problemen werden, wenn die Lösung des Problems nicht realisierbar oder kosteneffektiv ist.
- ✓ In diesem Fall verbleibt das Problem im Status „Known Error" und der dokumentierte Workaround wird angewendet, wenn ähnliche Incidents auftreten.
- ✓ Jeder dokumentierte Workaround sollte eine klare Definition der Symptome enthalten, für die er gilt.
- ✓ In manchen Fällen kann die Anwendung von Workarounds automatisiert werden.

Fehlersteuerung

Zu den Aktivitäten zur Error Control gehören:
- ✓ Aktivitäten der Fehlersteuerung managen Known Errors. Dabei handelt es sich um Probleme, bei denen die anfängliche Analyse abgeschlossen wurde; das bedeutet normalerweise, dass fehlerhafte Komponenten identifiziert wurden.
- ✓ Fehlersteuerung umfasst auch die Identifizierung möglicher dauerhafter Lösungen, die zu einem Change Request für die Implementierung einer Lösung führen können — aber nur, wenn dieser im Hinblick auf Kosten, Risiken und Nutzen gerechtfertigt ist.
- ✓ Fehlersteuerung bewertet den Status von Known Errors, die nicht behoben wurden, regelmäßig neu. Dazu zählen die allgemeinen Auswirkungen auf Kunden, Verfügbarkeit und Kosten dauerhafter Lösungen sowie die Effektivität von Workarounds. Die Effektivität von Workarounds sollte jedes Mal bewertet werden, wenn ein Workaround verwendet wird, da der Workaround basierend auf der Bewertung möglicherweise verbessert wurde.

Schnittstellen mit anderen Practices

Beispiele für Schnittstellen zwischen Problem Management, Risk Management, Change Enablement, Knowledge Management and Continual Improvement sind folgende:

✓Problemmanagementaktivitäten können als konkreter Fall von Risk Management organisiert werden

✓Die Implementierung der Problemlösung erfolgt oft außerhalb des Bereichs des Problem Managements

✓Der Output der Problem Management Practice umfasst Informationen und Dokumentationen zu Workarounds und Known Errors

✓Aktivitäten des Problem Managements können Verbesserungsmöglichkeiten in allen vier Dimensionen des Service Managements identifizieren.

Service Desk

Zweck Der Zweck der Service Desk Practice ist das Erfassen der Nachfrage nach der Lösung von Incidents und Service Requests. Sie sollte auch der Eintrittspunkt und Single Point of Contact für den Service Provider und all seine Anwender sein.

Der Wert des Service Desk

- ✓ Er bietet Anwendern einen klaren Weg, um Schwierigkeiten, Fragen und Requests zu melden und diese erfassen, klassifizieren, zuweisen und beantworten zu lassen.
- ✓ Mit zunehmender Automatisierung und der allmählichen Minimierung technischer Schulden liegt der Fokus des Service Desks darauf, Support für „Menschen und das Unternehmen" zu bieten, anstatt einfach für technische Schwierigkeiten.
- ✓ Ein wichtiger Punkt, den es zu verstehen gilt, ist, dass es immer Schwierigkeiten geben wird, die eskaliert werden müssen und die Unterstützung anderer Teams erfordern, ganz gleich, wie effizient das Service Desk und die entsprechenden Mitarbeiter arbeiten.
- ✓ Es spielt eine wichtige Rolle bei der Bereitstellung von Services und muss von den anderen Gruppen im Unternehmen aktiv unterstützt werden. Außerdem sollten Sie sich klar machen, dass das Service Desk erheblichen Einfluss auf die User Experience und darauf, wie die Anwender den Service Provider wahrnehmen, hat.
- ✓ Er bietet Mehrwert nicht nur durch die Transaktionsvorgänge, d. h. das Protokollieren von Incidents, sondern auch durch das Verstehen und Handeln im Geschäftlichen Kontext dieser Aktion.

Service Desk-Kanäle

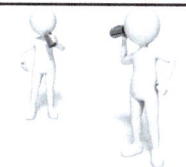

Service-Desks bieten eine Vielzahl von Kanälen wie:

✓ Telefonanrufe, zu denen spezielle Technologien wie IVR (Interactive Voice Response), Konferenzanrufe, Spracherkennung und andere gehören können

✓ Serviceportale und mobile Anwendungen, unterstützt von Service- und Anfragekatalogen sowie Wissensdatenbanken

✓ Chat, über Live-Chat und Chatbots

✓ E-Mail zur Anmeldung und Aktualisierung sowie für Folgeumfragen und Bestätigungen.

✓ „Walk-in" Service Desks

✓ Textnachrichten und Nachrichten in sozialen Medien

✓ öffentliche und unternehmensinterne soziale Medien und Diskussionsforen zur Kontaktaufnahme mit dem Service Provider und zur gegenseitigen Unterstützung unter Kollegen

Service Desk Strukturen

Der Service Desk könnte sein:

- ✓ **Ein zentralisiertes Service Desk**, z.B. ein konkretes Team, das an einem einzigen Ort arbeitet oder
- ✓ **Ein virtuelles Service Desk**, sodass Mitarbeiter von mehreren, geografisch verstreuten Standorten aus zusammenarbeiten können.

Ein virtuelles Service Desk erfordert komplexere unterstützende Technologie mit ausgefeilter Weiterleitung und Eskalation.

Der Service Desk sollte das einfühlsame und informierte Bindeglied zwischen dem Service Provider und seinen Anwendern sein.

Service-Desk-Mitarbeiter

Die Mitarbeiter des Service Desks müssen in einer Reihe von breit gefächerten technischen und kaufmännischen Bereichen geschult werden, um die erforderlichen Kompetenzen zu erwerben. Insbesondere müssen sie herausragende Fertigkeiten im Kundenservice besitzen, wie:
- ✓ Empathie,
- ✓ Incident-Analyse und -Priorisierung,
- ✓ effektive Kommunikation und
- ✓ emotionale Intelligenz.

Die Schlüsselkompetenzen für Service Desk-Mitarbeiter: Sie müssen einen bestimmten Incident in Bezug auf geschäftliche Priorität vollständig verstehen, analysieren und unter Nutzung der verfügbaren Fertigkeiten, Kenntnisse, Mitarbeiter und Prozesse angemessene Maßnahmen zu seiner Behebung ergreifen können.

Service Level Management

Zweck Der Zweck der Service Level Management Practice ist das Festlegen klarer geschäftsbezogener Ziele für Service Levels und das Sicherstellen, dass die Erbringung eines Service anhand dieser Ziele entsprechend bewertet, überwacht und gemanagt wird.

Definition: Service Level Agreement (SLA)
Eine dokumentierte Vereinbarung zwischen einem Service Provider und einem Kunden, die sowohl die benötigten Services als auch den erwarteten Service Level identifiziert.

Service Level Management Aktivitäten

Diese Practice beinhaltet die Definition, Dokumentation und aktive Verwaltung von Service Levels.
Service Level Management bietet die vollständige End-to-End Services des Unternehmens. Hierzu führt Service Level Management die folgende Ausgaben aus:

- Es erstellt eine gemeinsame Sicht auf die Services und die gewünschten Service Levels bei Kunden.
  Es stellt durch die Sammlung, Analyse, Speicherung und Erstellung von Berichten zu den relevanten Messgrößen für die identifizierten Services sicher, dass die Organisation die definierten Service Levels erfüllt.
- Es führt Serviceprüfungen durch, um sicherzustellen, dass das derzeitige Serviceportfolio die Anforderungen der Organisation und ihrer Kunden weiterhin erfüllt.
- Es erfasst Serviceschwierigkeiten und erstellt entsprechende Berichte, einschließlich der Auswertung der Performance in Bezug auf definierte Service Levels.

Das für SLM erforderliche Skillset

Zu den Fertigkeiten und Kompetenzen für Service Level Management gehören:

- Relationship Management,
- Geschäftsbeziehung,
- Business Analysis und
- Handels-/Lieferantenmanagement.

Die Practice erfordert einen pragmatischen Fokus auf den gesamten Service und nicht einfach auf dessen Bestandteile; so sollten z. B. einfache individuelle Messgrößen (wie der Prozentsatz der Systemverfügbarkeit) nicht als Darstellung des gesamten Service verstanden werden.

Informationsquellen

Das Service Level Management beeinhaltet das Sammeln und Analysieren von Informationen aus einer Vielzahl von Quellen, darunter:

✓ Engagement der Kunden.
- Dies erfordert anfängliches Zuhören, Erkennen und das Erfassen Information, die die Grundlage für Messgrössen, Messungen und laufende Fortschrittsgespräche bilden.

✓ Feedback von Kunden Dies wird im Idealfall aus mehreren Quellen, sowohl formellen als auch informellen, gesammelt, wie z. B.:
- Umfragen Mit Hilfe von Umfragen kann dir5ektes Feedback eingeholt werden, z. B. durch Nachfassfragen zu Incidents, oder stärker reflektierende regelmäßige Umfragen, die Feedback zum Serviceerlebnis insgesamt erbitten. Beide sind Event-basiert.

✓ Zentrale geschäftsbezogene Messgrößen
- Hierbei handelt es sich um Messgrößen, die zwischen dem Service Provider und seinem Kunden vereinbart werden und auf dem basieren, was dem Kunden wichtig ist.

✓ Betriebliche Messgrößen
- Dies sind die allgemeinen Indikatoren für verschiedene betriebliche Aktivitäten und können Systemverfügbarkeit, Zeiten für die Reaktion auf und Korrektur von Incidents, Zeiten für die Verarbeitung von Changes und Requests sowie Systemreaktionszeiten umfassen.

✓ Geschäftliche Messgrößen Das kann jedwede geschäftliche Aktivität sein, die vom Kunden als nützlich oder wertvoll erachtet wird und als Mittel zum Messen des Erfolgs des Service verwendet wird.

Wichtige Anforderungen für SLAs

Dies sind einige der wichtigsten Anforderungen fur erfolgreiche SLAs:

- ✓ Sie müssen sich auf einen definierten „Service" im Servicekatalog beziehen; andernfalls sind sie einfach nur einzelne Messgrössen ohne Zweck und bieten keine angemessene Transparenz oder spiegeln die Perspektive des Service nicht wider.
- ✓ Sie sollten sich auf definierte Ergebnisse und nicht einfach auf betriebliche Messgrössen beziehen. Dies kann durch einen ausgewogenen Satz von Messgrössen erreicht werden, z. B. Kundenzufriedenheit und wichtigste Geschaftsergebnisse.
- ✓ Sie sollten eine „Vereinbarung" widerspiegeln, d. h. die Interaktion und Diskussion zwischen dem Service Provider und dem Servicekonsumenten. Es ist wichtig, alle Stakeholder zu beteiligen, einschliesslich der Partner, Sponsoren, Anwender und Kunden.
- ✓ Sie müssen einfach geschrieben und fur alle Parteien leicht zu verstehen und umzusetzen sein.

Wenn als Ziel Messgrössen verwendet werden, die auf einem einzigen System basieren, dann führt dies häufig zu einer nicht zielführenden Ausrichtung und dazu, dass Servicepartner den Erfolg der Servicebereitstellung und der User Experience unterschiedlich bewerten.

Service Request Management

Zweck Der Zweck der Service Request Management Practice ist das Unterstützen der vereinbarten Servicequalität, indem alle vordefinierten, vom Anwender initiierten Service Requests effektiv und benutzerfreundlich bearbeitet werden.

> **Definition: Service Request** Ein Request eines Anwenders oder des Bevollmächtigten eines Anwenders, der eine Serviceaktion einleitet, die als normaler Bestandteil der Servicebereitstellung vereinbart wurde.

Verschiedene Service Request Arten

Jede Service Request (Serviceanfrage) kann eine oder mehrere der folgenden Angaben enthalten:

- ✓ einen Request für eine Servicebereitstellungsaktion
  - z.B. Bereitstellen eines Berichts oder Ersetzen einer Tonerkartusche
- ✓ Eine Informationsantrage
  - z.B. Wie erstelle ich ein Dokument? Oder: Wie sind die Bürozeiten?
- ✓ Einen Request zur Bereitstellung einer Ressource oder Service
  - z.B. Bereitstellen eines Telefons oder Laptops für einen Anwender oder Bereitstellen eines virtuellen Servers für ein Entwicklungsteam
- ✓ Einen Request zum Gewähren von Zugriff auf eine Ressource oder einen Service
  - z.B. Bereitstellung von Zugriffs auf eine Datei oder einen Ordner
- ✓ Feedback, Lob und Beschwerden
  - z.B. Beschwerden über eine neue Benutzeroberfläche oder Lob für ein Support-Team

Service Request Erfüllung

✓ Das Fulfilment von Service Requests kann Changes an Services oder deren Komponenten umfassen; normalerweise handelt es sich dabei um Standard-Changes.

✓ Service Requests stellen einen normalen Teil der Servicebereitstellung dar und bedeuten keinen Ausfall bzw. keine Minderung eines Service, die als Incidents behandelt werden.

✓ Da Service Requests als normaler Bestandteil der Servicebereitstellung vordefiniert und vorab vereinbart werden, können sie in der Regel durch ein eindeutiges Standardverfahren für Initiierung, Genehmigung, Fulfilment und Management formalisiert werden.

✓ Unabhängig von ihrer Komplexität müssen die Schritte zum Fulfilment des Requests genau bekannt und bewährt sein. Dies erlaubt es dem Service Provider, Zeiten für das Fulfilment zu vereinbaren und Anwendern den Status des Requests eindeutig mitzuteilen.

✓ Service Requests können:
- sehr einfache Workflows haben, z. B. eine Informationsanfrage.
- recht komplex sein und Beiträge von vielen Teams und Systemen zur Erfüllung erfordern, z. B. die Einrichtung neuer Mitarbeiter
- komplett durch Automatisierung von der Einreichung bis zur Schließung erfüllt werden, was ein vollständiges Self-Service-Erlebnis ermöglicht, z.B. die Installation von Client-Software oder Bereitstellung virtueller Server.

Service Request Genehmigung

Einige Service Requests erfordern möglicherweise eine Autorisierung aufgrund finanzieller, datenschutzrechtlicher oder anderer Richtlinien, während andere keinerlei Autorisierung benötigen. Um eine erfolgreiche Bearbeitung sicherzustellen, sollten beim Service Request Management die folgenden Richtlinien beachtet werden:

Service Requests und ihr Fulfilment sollten standardisiert und soweit wie möglich automatisiert werden.

Richtlinien sollten unabhängig davon festgelegt werden, welche Service Requests mit eingeschränkten oder sogar ohne zusätzliche Genehmigungen erfüllt werden, sodass ihre Erfüllung optimiert werden kann.

Die Erwartungen von Anwendern im Hinblick auf Fulfilment-Zeiten sollten klar festgelegt werden und darauf basieren, was die Organisation realistischerweise liefern kann.

✓ Verbesserungsmöglichkeiten sollten identifiziert und implementiert werden, um kürzere Fulfilment-Zeiten zu realisieren und Automatisierung zu nutzen.

✓ Es sollten Richtlinien und Workflows für die Dokumentierung und Weiterleitung aller Requests eingeschlossen werden, die als Service Requests eingereicht werden, tatsächlich aber als Incidents oder Changes behandelt werden sollten.

Q: Welche beiden Bedürfnisse sollte „Change Enablement" AUSBALANCIEREN?

1. Das Bedürfnis, das Risiko und den erwarteten Nutzen zu bewerten
2. Das Bedürfnis, einen **Change-Kalender** zu verwalten
3. Das Bedürfnis, vorteilhafte Changes vorzunehmen
4. **Das Bedürfnis**, Kunden und Benutzer zu schützen

A. 1 und 2

B. 2 und 3

C. 3 und 4

D. 1 und 4

Q: Wie unterstützt die Kategorisierung von Incidents die „Incident Management Practice"?

A. Sie erleichtert die Zuweisung des Incidents zum richtigen Supportbereich

B. Sie legt die Priorität fest, die dem Incident zugewiesen wird

C. Sie stellt sicher, dass Incidents innerhalb von Zeitfenstern gelöst werden, die mit dem Kunden vereinbart wurden

D. Sie bestimmt, wie der Service Provider wahrgenommen wird

Q: Was ist normalerweise NICHT im Incident Management enthalten?

A. Skripte zur Sammlung erster Informationen zu Incidents

B. Formalisierte Verfahren zur Erfassung von Incidents

C. Detaillierte Verfahren für die Diagnose von Incidents

D. Die Nutzung von Spezialwissen für komplizierte Incidents

Q: Was sollte in jeder Service Level Agreement enthalten sein?

A. Details der verwendeten systembasierten Metriken

B. Eine technische Beschreibung der Servicekomponenten

C. Klar definierte Serviceergebnisse

D. Rechtssprache

Schulungsprogramm

✓ **Tag 1: Wichtige Service Management-Konzepte**
- ✓ Wertschöpfung, Ergebnisse, Kosten und Risiken
- ✓ Services und Servicebeziehungen
- ✓ Die vier Dimensionen
- ✓ Das ITIL Service Value System
- ✓ Die Aktivitäten der Service-Wertschöpfungskette
- ✓ Art und Verwendung der Grundprinzipien

• **Tag 2: Ausgewählte ITIL Practices und Schlüsselbegriffe**
- ✓ Service Management Practices
- • Allgemeine Practices und
- • Technische Practices

ALLGEMEINE UND TECHNISCHE MANAGEMENT PRACTICES

ITIL Management Practices kennen und verstehen

ITIL Management Practices

General management practices	Service management practices	Technical management practices
Architecture management	Availability management	Deployment management
Continual improvement	Business analysis	Infrastructure and platform management
Information security management	Capacity and performance management	Software development and management
Knowledge management	**Change control**	
Measurement and reporting	**Incident management**	
Organizational change management	IT asset management	
Portfolio management	Monitoring and event management	
Project management	**Problem management**	
Relationship management	Release management	
Risk management	Service catalogue management	
Service financial management	Service configuration management	
Strategy management	Service continuity management	
Supplier management	Service design	
Workforce and talent management	**Service desk**	
	Service level management	
	Service request management	
	Service validation and testing	

Information Security Management

Zweck der Information Security Management Practice ist das Schützen der Informationen, die eine Organisation für ihre Geschäftstätigkeit benötigt. Dies schließt das Verstehen und Managen von Risiken für die **Vertraulichkeit, Integrität** und **Verfügbarkeit** von Informationen sowie andere Aspekte der Informationssicherheit ein, wie z. B. **Authentifizierung** (Sicherstellen, dass ein Anwender der ist, der er vorgibt zu sein) und **Nichtabstreitbarkeit** (Sicherstellen, dass jemand die Durchführung einer Aktion nicht leugnen kann).

Relationship Management

Zweck

Zweck der Relationship Management Practice ist das Aufbauen und Pflegen von Verbindungen zwischen der Organisation und ihren Stakeholdern auf strategischer und taktischer Ebene.

Sie umfasst die Identifizierung, die Analyse, das Monitoring und die ständige Verbesserung von Beziehungen mit und zwischen Stakeholdern.

Supplier Management

Zweck

Zweck der Supplier Management Practice ist es sicherzustellen, dass die Lieferanten einer Organisation und deren Performance angemessen gemanagt werden, um die nahtlose Bereitstellung von Qualitätsprodukten und -services zu unterstützen.

Dies umfasst engere, stärker auf Zusammenarbeit ausgerichtete Beziehungen mit den wichtigsten Lieferanten, um neue Werte aufzuzeigen und zu realisieren und um das Ausfallrisiko zu mindern.

Continual Improvement

Zweck

Zweck der Continual Improvement Practice ist das Anpassen der Practices und Services der Organisation an sich ändernde Geschäftsanforderungen durch ständige Verbesserung von Produkten, Services und Practices oder aller Elemente, die am Management von Produkten und Services beteiligt sind.

> *Verantwortung für alle! Die Verpflichtung zu und Ausübung von Continual Improvement müssen jede Faser der Organisation durchdringen. Wenn das nicht der Fall ist, besteht ein echtes Risiko, dass tägliche betriebliche Belange und wichtige Projektarbeiten Bemühungen um Continual Improvement in den Schatten drängen.*

Schlüsselaktivitäten

Zu den wichtigsten Aktivitäten, die mit Continual Improvement Practices verknüpft sind, gehören:

- ✓ Ermutigen zum Continual Improvement in der gesamten Organisation
- ✓ Sicherstellen von Zeit und Budget für Continual Improvement)
- ✓ Identifizieren und Protokollieren von Verbesserungsmöglichkeiten
- ✓ Bewerten und Priorisieren von Verbesserungsmöglichkeiten
- ✓ Erstellen von Business Cases für Verbesserungsaktionen
- ✓ Planen und Umsetzen von Verbesserungen
- ✓ Messen und Beurteilen von Verbesserungsergebnissen
- ✓ Koordinieren von Verbesserungsaktivitäten in der gesamten Organisation

Es gibt viele Methoden, Modelle und Techniken, die zur Erreichung von Verbesserungen vorgenommen werden können. Unterschiedliche Arten von Verbesserungen können unterschiedliche Verbesserungsmethoden erfordern.

Das Continual Improvement Modell

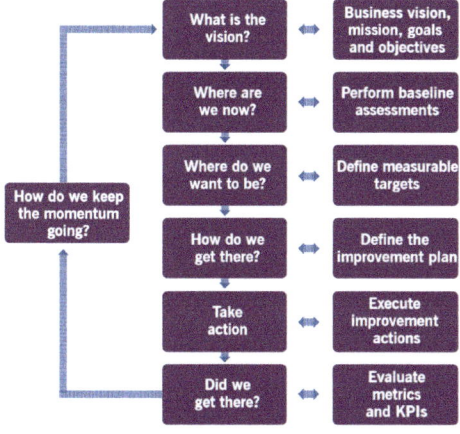

Techniken und Ansätze

Für die Bewertung des Ist-Zustands können viele Techniken eingesetzt werden, wie SWOT-Analysen (Strength, Weakness, Opportunity, and Threat — Stärken, Schwächen, Chancen und Risiken), ein Balanced Scorecard-Review, interne und externe Beurteilungen und Audits oder auch eine Kombination mehrerer Techniken.

Organisationen sollten Kompetenzen in Methoden und Techniken entwickeln, die ihre Anforderungen erfüllen.

Ansätze für Continual Improvement sind an vielen Stellen zu finden.
- ✓ Lean-Methoden richten den Blick auf die Vermeidung von Verschwendung.
- ✓ Agile Methoden sind darauf konzentriert, Verbesserungen schrittweise in einem bestimmten Rhythmus durchzuführen.
- ✓ DevOps-Methoden arbeiten ganzheitlich und stellen sicher, dass Verbesserungen nicht nur gut konzipiert sind, sondern auch wirksam angewandt werden.

Fokussieren, aber Innovationen ermöglichen

Organisationen sollen nicht versuchen, sich auf zu viele unterschiedliche Ansätzen formell festzulegen. Es ist eine gute Idee, einige Schlüsselmethoden auszuwählen, die für die Arten von Verbesserungen geeignet sind, welche die Organisation normalerweise umsetzt, und diese Methoden zu entwickeln. Auf diese Weise haben die Teams ein gemeinsames Verständnis davon, wie sie an Verbesserungen zusammenarbeiten müssen, um ein größeres Ausmaß an Veränderung rascher voranzutreiben.

Das bedeutet aber nicht, dass die Organisation keine neuen Ansätze ausprobieren oder keine Innovation zulassen sollte. Jene in der Organisation, die Kenntnisse in alternativen Methoden haben, sollten ermutigt werden, diese anzuwenden, wenn es Sinn macht. Wenn diese Anstrengung erfolgreich ist, kann die alternative Methode dann zum Repertoire der Organisation hinzugefügt werden. Ältere Methoden können allmählich zugunsten neuer Methoden stillgelegt werden, wenn damit bessere Resultate erzielt werden.

Verantwortlichkeiten

Schulungen und sonstige Unterstützung bei der Umsetzung sollten für Mitarbeiter angeboten werden, um ihnen klarzumachen, wie sie zum Continual Improvement beitragen können. Auch wenn jeder einen Beitrag leisten sollte, sollte sich ein kleines dediziertes Team in Vollzeit für das Continual Improvement engagieren und für die Verfechtung der Practice in der gesamten Organisation abgestellt sein. Die Mitglieder dieses Teams können als Koordinatoren, Lotsen und Mentoren dienen, um andere in der Organisation bei der Entwicklung der erforderlichen Kompetenzen zu unterstützen und sie durch alle Schwierigkeiten zu leiten, auf die sie stoßen können.

Die obersten Ebenen in der Organisation müssen Verantwortung dafür übernehmen, Continual Improvement in das Denken und Arbeiten aller zu integrieren. Ohne ihre Führung und ihre sichtbare Verpflichtung zu Continual Improvement werden sich Haltungen, Verhaltensweisen und Kultur nicht bis zu einem Punkt weiterentwickeln, an dem Verbesserungen bei allem, was getan wird, und auf allen Ebenen in Erwägung gezogen werden.

> Jeder ist für Continual Improvement verantwortlich!

Continual Improvement zusammen mit Drittanbietern

Wenn Drittanbieter Teil der Servicelandschaft sind, sollten auch sie Teil der Bemühungen um Verbesserungen sein.

- ✓ Beim Abschluss eines Servicevertrags mit einem Lieferanten sollte der Vertrag Details dazu enthalten, wie der Lieferant die Services während der Vertragsdauer misst, entsprechende Berichte erstellt und die Services verbessert.
- ✓ Wenn Daten von Lieferanten erforderlich sind, um interne Verbesserungen wirksam werden zu lassen, sollte das im Vertrag ebenfalls festgehalten werden.

> Genaue Daten sind die Grundlage für faktenbasierte Entscheidungen zur Verbesserung.

Continual Improvement Register

Um Verbesserungsideen von der Identifizierung bis zur endgültigen Maßnahme zu verfolgen und zu verwalten, verwenden Unternehmen eine Datenbank oder ein strukturiertes Dokument, das als kontinuierliches Verbesserungsregister (CIR) bezeichnet wird.

Die Struktur eines CIR in einer bestimmten Organisation ist nicht wichtig. Wichtig ist, dass Verbesserungsideen erfasst, dokumentiert, bewertet, priorisiert und angemessen berücksichtigt werden, um sicherzustellen, dass die Organisation und ihre Services ständig verbessert werden.

Beitrag zu anderen Practices

Die Continual Improvement Practice ist zentral für die Entwicklung und Pflege jeder anderen Practice, ebenso wie für den gesamten Lebenszyklus aller Services und, in der Tat, das SVS selbst. Dennoch gibt es einige Practices, die einen besonderen Beitrag zum Continual Improvement leisten:

- ✓ Die Problem Management Practice des Unternehmens kann Probleme aufdecken, die mittels Continual Improvement behoben werden.
- ✓ Die durch Continual Improvement eingeleiteten Veränderungen können ohne die entscheidenden Beiträge des Organizational Change Managements fehlschlagen.
- ✓ Viele Verbesserungsinitiativen verwenden darüber hinaus Project Management Practices, um deren Ausführung zu organisieren und zu managen.

Deployment Management

Zweck

Der Zweck der Deployment Management Practice ist das Bereitstellen neuer oder geänderter Hardware, Software, Dokumentation, Prozesse oder anderer Komponenten in Live-Umgebungen.

Sie kann auch an der Bereitstellung von Komponenten in anderen Umgebungen zu Test- oder Staging-Zwecken beteiligt sein.

Zusammenfassung

Wir sprachen über:

✓ In diesem Abschnitt wurden die allgemeinen und technischen Verwaltungs-Practices behandelt. Diese wurden aus geschäftlichen und technologischen Managementbereichen für Service-Management-Zwecke übernommen und angepasst, indem der Fokus von allgemeinen Geschäfts- und Technologielösungen auf IT-Services erweitert oder verlagert wurden. The ITIL general Management practices sind:

- *Architecture Management*
- **Continual improvement**
- *Information Security Management*
- *Knowledge Management*
- *Measurement and reporting*
- *Organizational change Management*
- *Portfolio Management*
- *Project Management*
- **Relationship Management**
- *Risk Management*
- *Service financial Management*
- *Strategy Management*
- **Supplier Management**
- *Workforce and talent Management*

Zusammenfassung

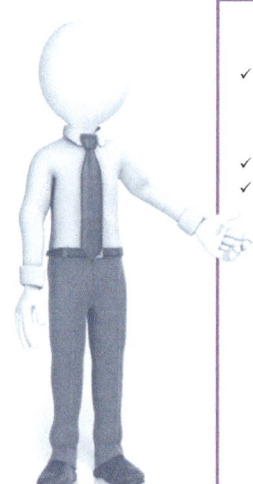

Wir sprachen über:

- Die ITIL Technical Management Practices sind:
  - *Deployment Management*
  - *Infrastructure and platform Management*
  - *Software development and Management*
- Alle Practices sind wichtig für die erfolgreiche Erbringung von Services.
- Die fett gedruckten Practices werden ausführlicher beschrieben und erfordern ein tieferes Verständnis.

Q: Wie sollte eine Organisation Methoden der ständigen Verbesserung übernehmen?

A. Für jede von der Organisation implementierte Verbesserung eine neue Methode verwenden

B. Für die Arten von Verbesserung, welche die Organisation umsetzt, einige Schlüsselmethoden auswählen

C. Die Fähigkeit aufbauen, so viele Verbesserungsmethoden wie möglich zu verwenden

D. Für alle Verbesserungen, welche die Organisation implementiert, jeweils eine einzelne Methode auswählen

Q: Welches ITIL-Konzept beschreibt Governance?

A. Die sieben Grundprinzipien

B. Die vier Dimensionen des Service Management

C. Die Service-Wertschöpfungskette

D. Das Servicewertsystem

Q: Welchen Zweck verfolgt die „Supplier Management Practice"?

A. Sicherstellen, dass die Lieferanten der Organisation und ihre Leistung angemessen gemanagt werden, um die nahtlose Bereitstellung von Qualitätsprodukten und -services zu unterstützen

B. Anpassen der Practices und Services der Organisation an sich ändernde Geschäftsanforderungen durch die kontinuierliche Identifizierung und Verbesserung von Services

C. Sicherstellen, dass die Lieferanten der Organisation und ihre Performances auf strategischer und taktischer Ebene durch koordinierte Marketing-, Verkaufs- und Bereitstellungsaktivitäten angemessen gemanagt werden

D. Sicherstellen, dass jederzeit und überall genaue und zuverlässige Informationen über die Konfiguration von Services der Lieferanten verfügbar sind

Q: Welche Practice ist die Verantwortlichkeit eines jeden Organisationsmitglieds?

A. Service Level Management

B. Change Enablement

C. Problem Management

D. Continual Improvement

Schulungsprogramm

✓ **Tag 1: Wichtige Service Management-Konzepte**
  ✓ Wertschöpfung, Ergebnisse, Kosten und Risiken
  ✓ Services und Servicebeziehungen
  ✓ Die vier Dimensionen
  ✓ Das ITIL Service Value System
  ✓ Die Aktivitäten der Service-Wertschöpfungskette
  ✓ Art und Verwendung der Grundprinzipien

✓ **Tag 2: Ausgewählte ITIL Practices und Schlüsselbegriffe**
  ✓ Service Management Practices
  ✓ Allgemeine Practices
  ✓ Technische Practices

Das ITIL 4-Zertifizierungsschema

Das ITIL 4-Zertifizierungsschema mit zwei Hauptschulungsbereichen und drei Ebenen:

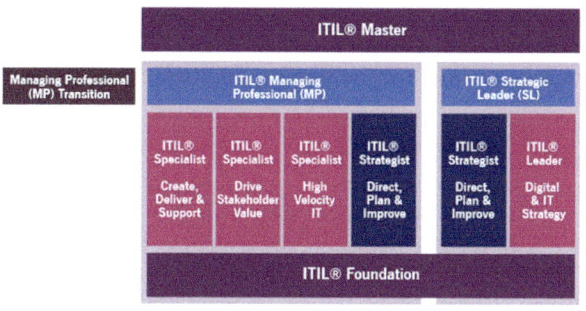

- Designation achieved once completed all relevant examinable modules in each stream
- Examinable modules towards ITIL Managing Professional and ITIL Strategic Leader
- Examinable module applicable to both ITIL Managing Professional and ITIL Strategic Leader
- Transition module for v3 ITIL Experts or those with 17 credits or more to gain ITIL Managing Professional designation

Prüfungsvorbereitung

Die ITIL 4 Foundation Prüfung kurz zusammengefasst:

- ✓ 40 Multiple-Choice-Fragen
- ✓ Jede Frage ist 1 Punkt wert; 40 Fragen, 40 Punkte
- ✓ Die Erfolgsquote beträgt 65% oder mehr - eine Punktzahl von 26 Punkten oder mehr
- ✓ Die Dauer beträgt 60 Minuten
- ✓ Dies ist eine Prüfung mit geschlossenem Buch.
- ✓ Keine anderen Materialien als die Prüfungsmaterialien sind zulässig.

Viel Glück bei der Prüfung!

Vielen Dank!

ITIL® 4 Foundation Übungen

Die folgenden Übungen können individuell, zu zweit oder in Teams gelöst werden.

1. Service Management Schlüsselkonzepte

1.1 Wert - Listen Sie Besispiele für Wert auf
- Was ist der Wert? _____

- Wer sind die Stakeholder? _____

- Wie wird Wertschöpfung durch Services ermöglicht?
_____
_____
_____

1.2 Organisation
Beschreiben Sie eine „Organisation" in Ihrem eigenen Unternehmen

- Welche Personen sind Teil der Organisation? _____

- Was sind ihre Verantwortlichkeiten?
_____

- Was sind ihre Berechtigungen/Mandate?
_____

- Was ist das Ziel der Organisation (kurz)? _____
_____
_____

1.3 Stakeholder (Interessengruppen)/Anwender
Listen Sie Beispiele der folgenden Stakeholder aus Ihrer eigenen Organisation auf

- Kunde _____

- Anwender _____

• Sponsor _____

• Andere Arten von Stakeholdern
_____

1.4 Gemeinsame Wetschöpfung

Listen Sie Beispiele für die Bereitstellung und den Konsum von Services in Ihrer eigenen Organisation auf:

• Welche Aktivitäten führt der Service Provider durch?
_____
_____

• Welche Aktivitäten führt der Servicekonsument aus?
_____
_____

• Welche Aktivitäten werden gemeinsam durchgeführt - oder KÖNNTEN gemeinsam durchgeführt werden?
_____
_____

1.5 Servicebeziehungen

Beschreiben Sie die Servicebeziehung zu Serviceangeboten, Waren, Zugang zu Ressourcen und Serviceaktionen. Verwenden Sie die unten stehende Vorlage oder zeichnen Sie sie auf Papier/Flipover.

Notieren Sie, wenn Sie Zeit haben, auch die Produkte und Ressourcen.

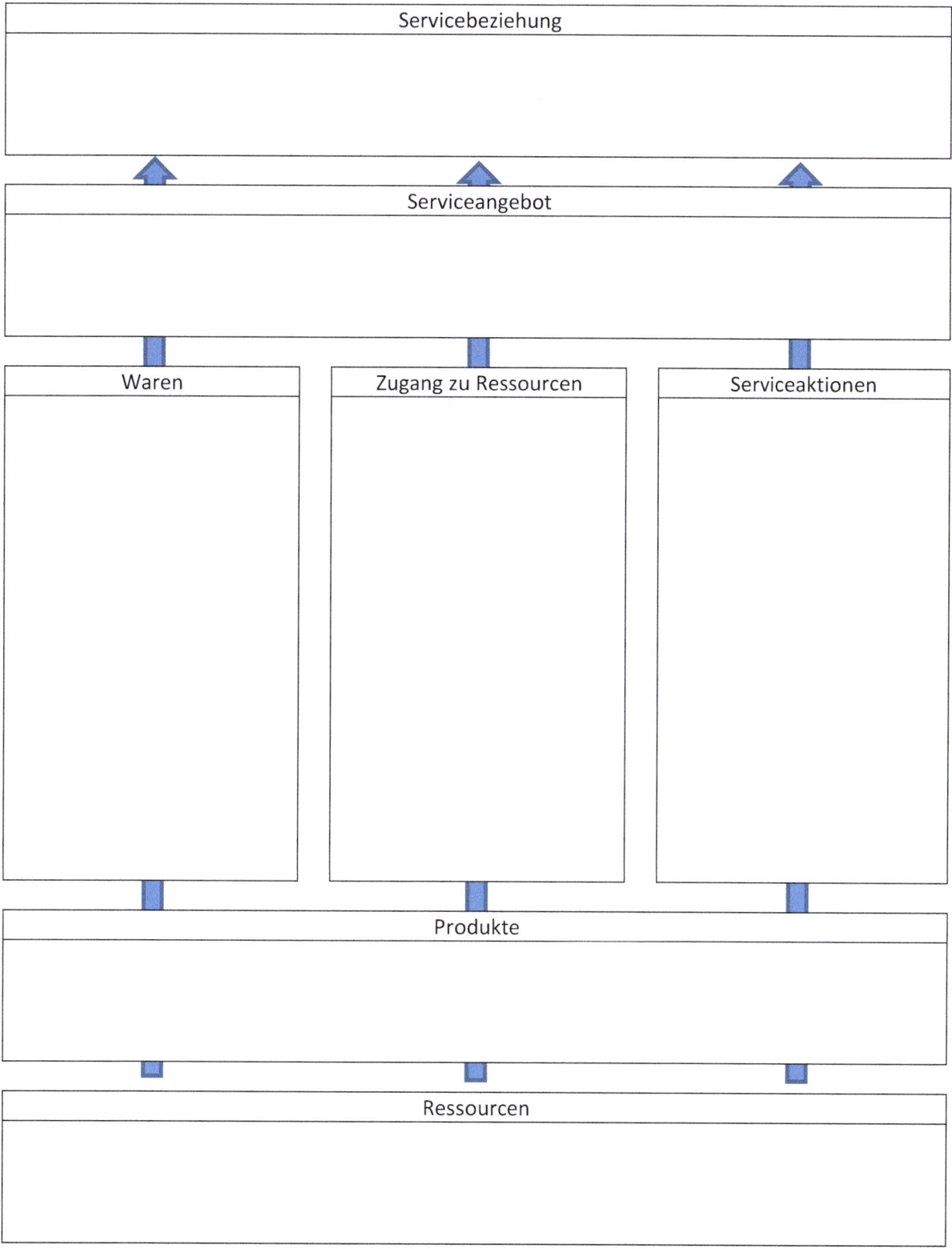

1.6 Output/Ergebnis

Nennen Sie ein Beispiel für Outputs Ihrer eigenen Organisation. Beschreiben Sie, wie diese OutPuts ein Ergebnis ermöglicht.

• OutPuts: _____

• Ergebnis: _____

1.7 Kosten und Risiken

Beschreiben Sie Kosten und Risiken in Ihrer eigenen Organisation

• Kosten:

_____

• Risiken:

_____

1.8 Utility und Warranty

Beschreiben Sie unter Verwendung der Servicebeziehung aus 1.5:

• Das Utility des Serviceangebots: _____

• Die Warranty des Serviceangebots: _____

• Ein Beispiel, bei dem Utility und/oder Warranty der Servicebeziehung nicht den Versprechen des Serviceangebots - oder den Erwartungen des Verbrauchers - entspricht:

_____

2. ITIL Schlüsselkonzepte

2.1 Organisationen & Menschen

Listen Sie Beispiele für Konflikte zwischen:

- „Kommunikation und Kooperation" und „Siloabbau": _____

_____

- „Aktualisierung von Fähigkeiten und Kompetenzen" und „Breites Wissen und tiefe Spezialisierung":

_____

2.2 Informationen & Technologie

Ziehen Sie eine technologische Lösung aus Ihrer eigenen Organisation in Betracht. Bewerten Sie die Lösung anhand der folgenden Checkliste.

Technologische Lösung:			
	Ist sie mit der aktuellen Architektur kompatibel?		Verfügt die Organisation über die Fähigkeiten in der Organisation, um sie zu unterstützen und aufrechtzuerhalten?
	Bringt es irgendwelche regulatorischen, Compliance- oder Informationssicherheitskontrollprobleme mit sich?		Verfügt sie über ausreichende Automatisierungsfunktionen, um entwickelt, bereitgestellt und betrieben zu werden?
	Ist es in absehbarer Zeit machbar?		Verfügt sie über zusätzliche Funktionen, die für andere Produkte oder Services verwendet werden können?
	Stimmt sie mit der Strategie von Service Providers oder Service Verbrauchern überein?		Bringt es neue Risiken oder Einschränkungen für die Organisation mit sich?

2.3 Partner & Lieferanten

Listen Sie Partner aus Ihrer eigenen Organisation auf, bei denen die Beziehung gekennzeichnet ist durch:

• Servicepartnerschaft (kooperieren und gemeinsame Ziele und Risiken teilen):

_____

• Anbieter von Waren und Services (förmliche Verträge, klare Verantwortlichkeitentrennung):

_____

2.3 Wertströme & Prozesse

Beschreiben Sie einen Prozess aus Ihrer eigenen Organisation:

• Eingabe:
_____

• Ausgabe: _____

• Durch diesen Output erzeugter Wert:
_____

• Aktivitäten, die Inputs in Outputs konvertieren:

_____

_____

_____

_____

2.4 Silos
Beschreiben Sie ein Beispiel für Silos in Ihrer eigenen Organisation:

_____

2.5 Wertschöpfungskettenaktivitäten
Füllen Sie die Lücken mit den richtigen Wertschöpfungsaktivitäten aus

Die Planung auf allen Ebenen erfolgt durch

_____

Alle Interaktionen mit externen Parteien werden von _____ durchgeführt.

Verbesserungen werden initiiert und verwaltet über

_____

Alle neuen Ressourcen werden erhalten über

_____

Erstellung, Änderung, Lieferung, Wartung und Support von Komponenten, Produkten und Services erfolgen auf integrierte und koordinierte Weise zwischen

_____

_____ und

2.6 ITIL Grundprinzipien

Ordnen Sie jedem Grundprinzip die richtige Anwendung zu

Grundprinzip	Anwendung
Wertorientierung	Vereinfachen und/oder optimieren Sie vor der Automatisierung
Dort beginnen, wo man steht	Entscheidungen können nur über sichtbare Daten getroffen werden
Iterative Weiterentwicklung mit Feedback	Wissen, wie Anwender jeden Service benutzen
Zusammenarbeiten und Transparenz fördern	Zusammenarbeit ist der Schlüssel zum Denken und ganzheitlichen Arbeiten
Ganzheitlich denken und arbeiten	Das Ökosystem entwickelt sich ständig weiter, daher ist Feedback unerlässlich
Auf Einfachheit und Praktikabilität achten	So objektiv wie möglich anschauen, was schon da ist
Optimieren und automatisieren	Einfacher zu verstehen, eher zu adoptieren

2.7 Continual improvement Modell

Passen Sie die Elemente im Modell der kontinuierlichen Verbesserung aneinander an

Was ist unsere Vision?	Verbesserungsplan definieren
Wo stehen wir jetzt?	Basisbewertung
Wo wollen wir hin?	
Wie kommen wir dorthin?	Messbare Ziele definieren
Massnahmen ergreifen	Metriken und KPIs bewerten
Haben wir dieses Ziel erreicht?	Den Plan ausführen
Wie halten wir die Dynamik aufrecht?	Geschäftsvision, Mission, Ziele und Vorgaben

3.2 Service Management Practices

Beschreiben Sie eine Situation, in der ein Benutzer einen nicht verfügbaren Service erlebt hat.

_____

_____

3.3 Capacity und Performance Management

Beschreiben Sie eine Situation, in der ein Benutzer eine schlechte Service erlebt hat.

_____

_____

3.4 Change Enablement
Was kennzeichnet

- Standard-Changes: _____

- Normale Changes: _____

- Notfall-Changes: _____

3.5 Incident Management
Listen Sie Beispiele aus Ihrer eigenen Organisation auf, wie Sie bei Incidents Folgendes ausführen können:

• Log: _____

• Vereinbarte Ziellösungszeiten einhalten:
_____

• Priorisieren: _____

3.6 IT Asset Management
Beschreiben der Planung und Verwaltung des Lebenszyklus eines IT-Assets in Ihrer eigenen Organisation.

_____

_____

3.7 Monitoring and Event Management
Erläutern Sie, wie Sie mit Events (Ereignissen) in Ihrer eigenen Organisation umgehen.

_____

_____

3.8 Problem Management

Was ist in einer Known Error Database (bekannten Fehlerdatenbank) gespeichert?
Markieren Sie die richtigen Antworten mit einem X.

	Problems
	Incidents
	Problem Analyse
	Events

	Changes
	Known errors
	Availability
	Workarounds

3.9 Service Configuration Management

Beschreiben der Integration von Service Configuration Management in das IT Asset Management.

_____

_____

_____

3.10 Service Continuity Management

Beschreiben Sie, wie Ihre Organisation sicherstellt, dass die Verfügbarkeit und Leistung eines Service im Katastrophenfall auf einem ausreichenden Niveau bleibt.

_____

_____

3.11 Servicedesk

Listen Sie Beispiele für Service Desk-Zugriffskanäle und -Technologien/-Tools in Ihrer eigenen Organisation auf.

Kanäle für den Zugriff

Technologien/Tools

3.12 Service Management

Welche Parteien einigen sich auf ein SLA (Service Level Agreement)?

_____   _____

3.13 Service Request Management

Markieren Sie mit einem X die Texte, die die Best Practice für das Service Request Management beschreiben:

	Standardisieren und automatisieren		Viele Genehmigungsstufen haben
	Erwartungen setzen		einen Prozess für Fehler/Anfragen haben
	Verbesserungen identifizieren		Anfragen nach Möglichkeit manuell erfüllen
	Zulassungen einschränken		Autorisierung umständlich gestalten

3.14 Practices Begriffe

Die folgende Tabelle enthält eine Liste von Practices und Definitionsbeschreibungen dieser Practices. Geben Sie den passenden Begriff in die leere Spalte ein.

The below table shows a list of practices and descriptions of definitions of these practices. Enter the matching term in the empty column.

e below table shows a list of practices and descriptions of definitions of these practices. Enter the matching term in the empty column.

#	Practice	Begriff	Definitionsbeschreibungen
1	Availability Management		Die Fähigkeit eines IT-Service oder eines anderen Konfigurationselements, seine vereinbarte Funktion bei Bedarf auszuführen
2	Capacity and Performance Management		Ein Maß dafür, was von einem System, einer Person, einem Team, einer Praxis oder einer Service erreicht oder erbracht wird
3	Capacity and Performance Management		Die Anzahl der Serviceaktionen, die in einem bestimmten Zeitraum ausgeführt wurden, und die Zeit, die zur Ausführung einer Serviceaktion bei einem bestimmten Bedarf erforderlich ist
4	Capacity and Performance Management		Der maximale Durchsatz, den ein Konfigurationselement oder Dienst liefern kann
5	Change Enablement		Das Hinzufügen, Ändern oder Entfernen von Elementen, die direkte oder indirekte Auswirkungen auf Services haben könnten
6	Change Enablement		Vorautorisiert Ohne weitere Autorisierung implementieren
7	Change Enablement		Berechtigung auf Change Type basiert
8	Change Enablement		Beschleunigte Beurteilung und Autorisierung Kann separate Change-Autorität sein
9	Change Enablement		Die Person oder Gruppe, die einen Change autorisiert
0	Change Enablement		Wird verwendet, um Changes zu planen, die Kommunikation zu unterstützen, Konflikte zu vermeiden und Ressourcen zuzuweisen
10	Incident Management		Eine ungeplante Unterbrechung eines Service oder eine Verringerung der Qualität eines Service
11	IT asset Management		Jede wertvolle Komponente, die zur Bereitstellung eines IT-Produkts oder einer IT-Dienstleistung beitragen kann
12	Monitoring and Event Management		Jede Statusänderung, die für die Verwaltung eines Konfigurationselements (Configuration Item, CI) oder eines IT-Service von Bedeutung ist
13	Problem Management		Die (mögliche) Ursache eines oder mehrerer Incidents
14	Problem Management		Ein Problem, das analysiert, aber noch nicht gelöst wurde

15	Problem Management		Eine Lösung, die die Auswirkungen eines Incidents oder Problems verringert oder beseitigt, für das noch keine vollständige Lösung verfügbar ist
16	Service Configuration Management		Jede Komponente, die verwaltet werden muss, um einen IT-Service bereitzustellen
17	Service Continuity Management		Ein plötzliches ungeplantes Ereignis, das einer Organisation großen Schaden oder schweren Verlust zufügt
18	Service Level Management		Eine dokumentierte Vereinbarung zwischen einem Serviceanbieter und einem Kunden, in der der Servicebedarf und das erwartete Serviceniveau angegeben werden
19	Service Request Management		Eine Anfrage eines Benutzers oder seines Bevollmächtigten, die eine Serviceaktion initiiert, die als normaler Teil der Servicebereitstellung vereinbart wurde

3.15 Zwecke von Practices

Die folgende Tabelle zeigt eine Liste der Zwecke für verschiedene Practices. Geben Sie den korrekten Übungsnamen in die leere Spalte ein.

#	Practice (Name)	Zweck
1		Anpassung der Geschäftspractices und -Services des Unternehmens an sich ändernde Geschäftsanforderungen durch kontinuierliche Ermittlung von Verbesserungsmöglichkeiten
2		Schutz der Informationen, die die Organisation zur Ausübung ihrer Geschäftätigkeit benötigt
3		Aufbau und Pflege der Verbindungen zwischen der Organisation und ihren Stakeholdern auf strategischer und taktischer Ebene
4		Sicherstellen, dass die Lieferanten der Organisation und ihre Leistung angemessen verwaltet werden
5		Sicherstellen, dass die Services vereinbarte Verfügbarkeitsniveaus liefern, um die Anforderungen von Kunden und Benutzern zu erfüllen
6		Sicherstellen, dass die Services die vereinbarte und erwartete Leistung erbringen und den aktuellen und zukünftigen Bedarf auf kostengünstige Weise decken
7		Maximierung der Anzahl erfolgreicher IT-Changes, indem sichergestellt wird, dass die Risiken ordnungsgemäß bewertet wurden, Changes autorisiert werden und ein Change Schedule verwaltet wird
8		Minimierung der negativen Auswirkungen von Incidents durch schnellstmögliche Wiederherstellung des normalen Servicebetriebs (Service Operation)
9		Planung und Verwaltung des gesamten Lebenszyklus aller IT-Ressourcen
10		Systematische Beobachtung von Services und Servicekomponenten sowie Aufzeichnung und Meldung ausgewählter Statusänderungen, die als Events (Ereignisse) identifiziert wurden
11		Verringern der Wahrscheinlichkeit und der Auswirkung von Incidents durch Ermitteln der tatsächlichen und potenziellen Ursachen von Incidents sowie Verwalten von Workarounds (Problemumgehungen) und Known Errors (bekannten Fehlern)
12		Bereitstellung neuer und geänderter Services und Funktionen zur Verwendung
13		Sicherstellen, dass genaue und zuverlässige Informationen zur Konfiguration von Services und den sie unterstützenden CIs verfügbar sind, wann und wo immer dies erforderlich ist
14		Sicherstellen, dass die Verfügbarkeit und Leistung eines Servicess im Katastrophenfall auf einem ausreichenden Niveau gehalten wird
15		Erfassen des Bedarfs für die Lösung von Incidents und für Service Requests. Es sollte auch der Einstiegspunkt/SPOC für den Service Provider mit allen seinen Benutzern sein

16		Festlegen klarer geschäftsspezifischer Ziele für den Service, damit die Bereitstellung eines Service anhand dieser Ziele ordnungsgemäß bewertet, überwacht und verwaltet werden kann
17		Unterstützung der vereinbarten Servicequalität durch effektive und benutzerfreundliche Bearbeitung aller vordefinierten, benutzerinitiierten Service Requests
18		Verschieben neuer oder geänderter Hardware, Software, Dokumentation, Prozesse oder anderer Komponenten in Live-Umgebungen

1. Case – Wertströme und Prozesse

Verwenden Sie das folgende Beispiel, um einen einfachen Wertestream aus Ihrer eigenen Organisation zu erstellen.

Wertschöpfungskettenaktivität	Practice	Rollen	Activitäten
Nachfrage		Verwaltungsassistent	Ein Verwaltungsassistent in einem Büro kann aufgrund eines Fehlers in der Kalenderanwendung, der die Verwendung eines Sonderzeichens in einem Raumnamen nicht zulässt, keinen Termin in seinen Kalender eingeben.
Engagement	Service desk, Incident Management	Verwaltungsassistent, Service desk agent	Der Verwaltungsassistent ruft den Service Desk an und beschreibt das Problem. Die voraussichtliche Auflösungszeit wird vereinbart. Informationen zu diesem Vorfall werden vom Service Desk-Agenten protokolliert
Bereitstellung und Support	Incident Management	Service desk	Der Service Desk-Agent durchsucht die Website des Anbieters und stellt fest, dass dieses spezielle Problem in der neuesten Version der Client-Software behoben ist.
Bereitstellung und Support	Incident Management, Supplier Management	Service desk agent, Second line	Das Incident wird an den Second-Level-Support weitergeleitet. Der Second-Line-Support überprüft den Herstellervertrag und die Versionshinweise für den Kunden
Bereitstellung und Support, Erhalten/Erstellen, Engagement	Incident mgt, Service request mgt, Deployment mgt, Service validation and testing	Second line support, Verwaltungsassistent	Der Second-Level-Support kontaktiert den Benutzer und veranlasst ihn, die neue Version der Client-Software zu testen, um festzustellen, ob das Problem dadurch behoben wird. Anschließend fügen sie diese Version zum Serviceportal hinzu, damit der Benutzer sie installieren kann
Bereitstellung und Support	Incident Management, Service validation and testing, Service request Management	Verwaltungsassistent, Service desk	Der Benutzer installiert die neue Version der Software über das Serviceportal und testet, ob das Problem dadurch behoben wird. Der Service Desk stellt sicher, dass der Benutzer mit dieser Lösung zufrieden ist.
Wert		Verwaltungsassistent	Die Software funktioniert jetzt korrekt. Der Benutzer kann dem Kalender Termine hinzufügen, indem er Sonderzeichen in den Raumnamen verwendet.
Engagement, Verbesserung	Service desk, Incident Management, Continual improvement	Verwaltungsassistent, Service desk manager	Eine kurze Zufriedenheitsumfrage wird per E-Mail an den Administrator geschickt, der sie ausfüllt und zurücksendet. Die Bewertungen werden verwendet, um Trends zu identifizieren, und die Kommentare werden zur Prüfung an den Service Desk-Manager weitergeleitet.

| Verbesserung | Continual improvement, Service Validation and Testing, Service Request Management, Release Management, Deployment Management | Second line support | Der Second-Level-Support führt umfangreichere Tests der neuen Version der Client-Software durch und stellt sie dann allen Benutzern über das Serviceportal zur Verfügung. Das Upgrade zum Ersetzen der Vorgängerversion wird dann kontrolliert bereitgestellt. |

Die ITIL® 4 Foundation-Prüfung

Musterprüfung 1

Fragenbroschüre

Multiple Choice

Prüfungsdauer: 1 Stunde

Anweisungen

1. Sie sollten versuchen, alle 40 Fragen zu beantworten. Jede Frage ist einen Punkt wert.

2. Pro Frage gibt es nur eine korrekte Antwort.

3. Sie müssen 26 Fragen richtig beantworten, um die Prüfung zu bestehen.

4. Markieren Sie Ihre Antworten auf dem bereitgestellten Blatt. Verwenden Sie einen Bleistift (KEINEN Kugelschreiber oder Füller).

5. Zur Beantwortung der Prüfungsfragen stehen Ihnen 60 min zur Verfügung.

6. Dies ist eine Closed Book-Prüfung. Bei dieser Prüfung sind keine Hilfsmittel außer dem Prüfungsbogen erlaubt.

Die ITIL® 4 Foundation-Prüfung

1) Welche Practice ist für die Bereitstellung von Komponenten in Live-Umgebungen verantwortlich?

   A. Change Control
   B. Release Management
   C. IT Asset Management
   D. Deployment Management

2) Welche Practice umfasst die Klassifizierung und Verantwortung für Fragen und Anfragen von Anwendern?

   A. Service Desk
   B. Incident Management
   C. Change Control
   D. Service Level Management

3) Welche Practice identifiziert Messgrößen, welche die Serviceerfahrung des Kunden widerspiegeln?

   A. Continual Improvement
   B. Service Desk
   C. Service Level Management
   D. Problem Management

4) Was ist die VORWIEGENDE Verwendung eines Change-Kalenders?

   A. Unterstützen des „Incident Management" und der Verbesserungsplanung
   B. Managen von Notfall-Changes
   C. Planen von Changes und Beitragen zur Konfliktvermeidung
   D. Managen von Standard-Changes

5) Welche Dimension des Service Managements konzentriert sich auf Aktivitäten und deren Koordination?

   A. Organisationen und Menschen
   B. Informationen und Technologie
   C. Partner und Lieferanten
   D. Wertströme und Prozesse

6) Wie unterstützt die Kategorisierung von Incidents die „Incident Management Practice"?

   A. Sie erleichtert die Zuweisung des Incidents zum richtigen Supportbereich
   B. Sie legt die Priorität fest, die dem Incident zugewiesen wird
   C. Sie stellt sicher, dass Incidents innerhalb von Zeitfenstern gelöst werden, die mit dem Kunden vereinbart wurden
   D. Sie bestimmt, wie der Service Provider wahrgenommen wird

7) Identifizieren Sie das/die fehlende(n) Wort/Wörter im folgenden Satz.

   Ein Service ist eine Möglichkeit, gemeinsamen Mehrwert zu schaffen, indem das Erreichen der von Kunden angestrebten [?] erleichtert wird.

   A. Warranty
   B. Ergebnisse
   C. Utility
   D. Outputs

8) Was ist eine Empfehlung der „Continual Improvement Practice"?

   A. Zumindest ein kleines Team sollte sich für ein „Continual Improvement" engagieren.
   B. Alle Verbesserungen sollten als mehrphasige Projekte gemanagt werden
   C. „Continual Improvement" sollte von anderen Practices getrennt sein
   D. Externe Lieferanten sollten aus Verbesserungsinitiativen ausgeschlossen sein

Die ITIL® 4 Foundation-Prüfung

9) Was ist ein möglicher Vorteil der Verwendung eines IT Service Management-Tools zur Unterstützung der „Incident Management Practice"?

   A. Es kann sicherstellen, dass die Ursache von Incidents in der vereinbarten Zeit ermittelt wird
   B. Es kann einen automatischen Abgleich von Incidents mit Problemen oder Known Errors ermöglichen
   C. Es kann sicherstellen, dass Lieferantenverträge auf die Anforderungen des Service Providers abgestimmt sind
   D. Es kann die automatisierte Lösung und Schließung komplexer Incidents ermöglichen

10) Welche Rolle übermittelt Service Requests?

    A. Der Anwender oder dessen autorisierter Vertreter
    B. Der Kunde oder dessen autorisierter Vertreter
    C. Der Sponsor oder dessen autorisierter Vertreter
    D. Der Lieferant oder dessen autorisierter Vertreter

11) Welche Practice stellt einen Single Point of Contact für Anwender bereit?

    A. Incident Management
    B. Change Control
    C. Service Desk
    D. Service Request Management

12) Welches Grundprinzip empfiehlt, dass die vier Dimensionen des Service Management berücksichtigt werden?

    A. Ganzheitlich denken und arbeiten
    B. Iterative Weiterentwicklung mit Feedback
    C. Wertorientierung
    D. Auf Einfachheit und Praktikabilität achten

13) Was würde durch die „Service Request Management Practice" unterstützt werden?

   A. Eine Anfrage zur Autorisierung eines Change, der Auswirkung auf einen Service haben könnte
   B. Eine Anfrage eines Anwenders für eine Aktion, die ein normaler Bestandteil der Servicebereitstellung ist
   C. Eine Anfrage zur Wiederherstellung eines Service nach einer Serviceunterbrechung
   D. Eine Anfrage zur Untersuchung der Ursache mehrerer miteinander verwandter Incidents

14) Welche Practice ist die Verantwortlichkeit eines jeden Organisationsmitglieds?

   A. Service Level Management
   B. Change Control
   C. Problem Management
   D. Continual Improvement

15) Identifizieren Sie das fehlende Wort im folgenden Satz.

   Der Zweck der „Information Security Management Practice" ist, die Informationen der Organisation [?].

   A. zu speichern
   B. bereitzustellen
   C. zu prüfen
   D. zu schützen

16) Welches Grundprinzip empfiehlt, vor der Entscheidung darüber, was erneut verwendet werden kann, zunächst Daten zu sammeln?

   A. Wertorientierung
   B. Dort beginnen, wo man steht
   C. Auf Einfachheit und Praktikabilität achten
   D. Iterative Weiterentwicklung mit Feedback

Die ITIL® 4 Foundation-Prüfung

17) Was ist normalerweise NICHT im Incident Management enthalten?

   A. Skripte zur Sammlung erster Informationen zu Incidents
   B. Formalisierte Verfahren zur Erfassung von Incidents
   C. Detaillierte Verfahren für die Diagnose von Incidents
   D. Die Nutzung von Spezialwissen für komplizierte Incidents

18) Welche Aussage beschreibt das Wesen der Grundprinzipien?

   A. Grundprinzipien können eine Organisation in allen Situationen leiten
   B. Jedes Grundprinzip fordert spezifische Aktionen und Entscheidungen
   C. Eine Organisation wählt und übernimmt nur eines der sieben Grundprinzipien
   D. Grundprinzipien beschreiben die Prozesse, die alle Organisationen übernehmen müssen

19) Welche Aussage über eine Change-Autorität ist RICHTIG?

   A. Eine einzelne Change-Autorität sollte zugewiesen werden, um alle Arten von Changes und Change-Modellen zu autorisieren
   B. Eine Change-Autorität sollte für jede Art von Change und Change-Modell zugewiesen werden
   C. Normale Changes sind vorab autorisiert und erfordern keine Change-Autorität
   D. Notfall-Changes können ohne Autorisierung von einer Change-Autorität implementiert werden

20) Welche Practice verfolgt den Zweck, neue und geänderte Services und Funktionen zur Verfügung zu stellen?

   A. Change Control
   B. Service Request Management
   C. Release Management
   D. Deployment Management

21) Welche Wertschöpfungskettenaktivität stellt sicher, dass Beteiligte die Vision der Organisation verstehen?

A. Verbesserung
B. Planung
C. Bereitstellung und Support
D. Erhalten/Erstellen

22) Welche Aussage zu den Aktivitäten der Wertschöpfungskette ist RICHTIG?

A. Jede Practice gehört zu einer bestimmten Aktivität der Wertschöpfungskette
B. Eine bestimmte Kombination von Aktivitäten der Wertschöpfungskette und Practices bildet eine Servicebeziehung
C. Aktivitäten der Wertschöpfungskette bilden einen einzelnen Workflow, der Wertschöpfung ermöglicht
D. Jede Aktivität der Wertschöpfungskette trägt zur Wertschöpfungskette bei, indem sie bestimmte Inputs in Outputs umwandelt

23) Welchen Zweck verfolgt die „Supplier Management Practice"?

A. Sicherstellen, dass die Lieferanten der Organisation und ihre Leistung angemessen gemanagt werden, um die nahtlose Bereitstellung von Qualitätsprodukten und -services zu unterstützen
B. Anpassen der Practices und Services der Organisation an sich ändernde Geschäftsanforderungen durch die kontinuierliche Identifizierung und Verbesserung von Services
C. Sicherstellen, dass die Lieferanten der Organisation und ihre Performances auf strategischer und taktischer Ebene durch koordinierte Marketing-, Verkaufs- und Bereitstellungsaktivitäten angemessen gemanagt werden
D. Sicherstellen, dass jederzeit und überall genaue und zuverlässige Informationen über die Konfiguration von Services der Lieferanten verfügbar sind

Die ITIL® 4 Foundation-Prüfung

24) Welches sind die zwei Arten von Kosten, die ein Servicekonsument beurteilen sollte?

   A. Der Preis des Service und die Kosten der Erstellung des Service
   B. Die Kosten, die durch den Service entfallen, und die Kosten, die durch den Service auferlegt werden
   C. Die Kosten der Bereitstellung des Service und die Kosten der Verbesserung des Service
   D. Die Kosten der Software und die Kosten der Hardware

25) Welchen Zweck verfolgt die „Service Desk Practice"?

   A. Reduzieren der Wahrscheinlichkeit und der Auswirkung von Incidents durch Identifizierung tatsächlicher und potenzieller Ursachen von Incidents
   B. Maximieren der Anzahl erfolgreicher IT-Changes indem sichergestellt wird, dass Risiken richtig bewertet werden
   C. Erfassen der Nachfrage nach der Lösung von Incidents und Service Requests (Serviceanfragen)
   D. Festlegen klarer, geschäftsbasierter Ziele für die Serviceleistung

26) Wie sollte eine Organisation Methoden der ständigen Verbesserung übernehmen?

   A. Für jede von der Organisation implementierte Verbesserung eine neue Methode verwenden
   B. Für die Arten von Verbesserung, welche die Organisation umsetzt, einige Schlüsselmethoden auswählen
   C. Die Fähigkeit aufbauen, so viele Verbesserungsmethoden wie möglich zu verwenden
   D. Für alle Verbesserungen, welche die Organisation implementiert, jeweils eine einzelne Methode auswählen

27) Welches ITIL-Konzept beschreibt Governance?

   A. Die sieben Grundprinzipien
   B. Die vier Dimensionen des Service Management
   C. Die Service-Wertschöpfungskette
   D. Das Servicewertsystem

28) Was ist eine Empfehlung der „Service Desk Practice"?

   A. Service Desks sollten den Einsatz von Automatisierung vermeiden
   B. Service Desks sollten stark spezialisiert sein
   C. Service Desks sollten die Organisation als Ganzes verstehen
   D. Service Desks sollten ein physisches Team an einem einzelnen festen Standort sein

29) Welches Grundprinzip empfiehlt, Aufgaben in kleinere, handlichere Schritte zu unterteilen, die in einem übersichtlichen Zeitrahmen ausgeführt und abgeschlossen werden können?

   A. Wertorientierung
   B. Dort beginnen, wo man steht
   C. Iterative Weiterentwicklung mit Feedback
   D. Zusammenarbeiten und Transparenz fördern

30) Was ist ein Standard-Change?

   A. Ein Change, der wohlverstanden, umfassend dokumentiert und vorab autorisiert ist
   B. Ein Change, der von einer Change-Autorität bewertet, autorisiert und geplant werden muss
   C. Ein Change, für den eine Risikobewertung erforderlich ist, weil er zur Lösung eines Incidents erforderlich ist
   D. Ein Change, der im Rahmen von „Continual Improvement" bewertet, autorisiert und geplant wird

31) Was passiert, wenn ein Workaround (Umgehungslösung) zur dauerhaften Lösung für ein Problem wird, das nicht kosteneffektiv gelöst werden kann?

   A. Ein Change-Request wird an die Change Control gesendet
   B. Das Problem Management stellt den Service so bald wie möglich wieder her
   C. Das Problem verbleibt im Status „Known Error"
   D. Der Problem Record wird gelöscht

Die ITIL® 4 Foundation-Prüfung

32) Wie lautet die Definition von Change?

   A. Hinzufügen, Modifizieren oder Entfernen eines Elements, das direkte oder indirekte Auswirkungen auf Services haben könnte
   B. Sicherstellen, dass genaue und zuverlässige Informationen über die Konfiguration von Services verfügbar sind
   C. Zurverfügungstellen neuer und geänderter Services und Funktionen
   D. Bereitstellen neuer oder geänderter Hardware, Software oder anderer Servicekomponenten in Live-Umgebungen

33) Wie lautet die Definition eines Event?

   A. Jede Statusänderung, die für das Management eines Service oder eines anderen Configuration Item (CI) von Bedeutung ist
   B. Alle Komponenten, die gemanagt werden müssen, um einen IT Service bereitstellen zu können
   C. Eine nicht geplante Unterbrechung eines Service oder eine Qualitätsminderung eines Service
   D. Jede finanziell wertvolle Komponente, die zur Bereitstellung eines IT-Produkts oder Erbringung eines IT Service beitragen kann

34) Welche Aussage beschreibt Ergebnisse?

   A. Materielle oder immaterielle Liefergegenstände
   B. Funktionalität, die von einem Produkt oder Service angeboten wird
   C. Von einem Stakeholder gewünschte Ergebnisse
   D. Konfiguration der Ressourcen einer Organisation

35) Was ist KEIN zentraler Fokus der Dimension „Informationen und Technologie"?

   A. Security und Compliance
   B. Kommunikationssysteme und Wissensdatenbanken
   C. Workflow-Management und Bestandssysteme
   D. Rollen und Verantwortlichkeiten

36) Welche Practices sind normalerweise an der Implementierung einer Problemlösung beteiligt?

 1. Continual Improvement
 2. Service Request Management
 3. Service Level Management
 4. Change Control

 A. 1 und 2
 B. 2 und 3
 C. 3 und 4
 D. 1 und 4

37) Was ist eine zentrale Überlegung des Grundprinzips „Auf Einfachheit und Praktikabilität achten"?

 A. Versuchen, eine Lösung für jede Ausnahme zu erstellen
 B. Verstehen, wie jedes Element zur Wertschöpfung beiträgt
 C. Die widerstreitenden Zielsetzungen verschiedener Stakeholder ignorieren
 D. Mit einer komplexen Lösung beginnen, dann vereinfachen

38) Was sollte zuerst getan werden, wenn das Grundprinzip „Wertorientierung" angewendet wird?

 A. Die Ergebnisse identifizieren, die der Service unterstützt
 B. Alle am Service beteiligten Lieferanten und Partner identifizieren
 C. Sich in jeder Situation bewusst sein, wer der Servicekonsument ist
 D. Die Kosten für die Bereitstellung des Service ermitteln

39) Ein Service Provider beschreibt ein Paket, das einen Laptop mit Software, Lizenzen und Support umfasst. Wofür ist dieses Paket ein Beispiel?

 A. Wert
 B. Ein Ergebnis
 C. Warranty
 D. Ein Serviceangebot

40) Wie lautet die Definition von Warranty?

   A. Ein materieller oder immaterieller Liefergegenstand, der durch die Ausführung einer Aktivität geschaffen wird
   B. Die Zusicherung, dass ein Produkt oder Service den vereinbarten Anforderungen entspricht
   C. Ein mögliches Event, das zu einem Schaden oder Verlust führen oder das Erreichen von Zielen erschweren könnte
   D. Die Funktionalität, die von einem Produkt oder Service angeboten wird, um einem bestimmten Bedürfnis gerecht zu werden

Die ITIL® 4 Foundation-Prüfung

Musterprüfung 1

Antworten und Erläuterungen

Die ITIL® 4 Foundation-Prüfung

Für die Prüfung: DE_ITIL4_FND_2019_SamplePaper1_QuestionBk_v1.3.1

F	A	Syllabus-Referenz	Erläuterung
1	D	6.1.h	A. Falsch. „Der Zweck der Change Control Practice ist die Maximierung der Anzahl erfolgreicher Service- und Produktänderungen durch das Sicherstellen, dass Risiken richtig bewertet wurden, die Genehmigung von Changes und die Verwaltung des Change-Kalenders." Ref. 5.2.4 B. Falsch. „Der Zweck der Release Management Practice ist das Zurverfügungstellen neuer und geänderter Services und Funktionen." Ref. 5.2.8 C. Falsch. „Der Zweck der IT Asset Management Practice ist das Planen und Verwalten des gesamten Lebenszyklus aller IT-Assets." Ref. 5.2.6 D. Richtig. „Der Zweck der Deployment Management Practice ist das Bereitstellen neuer oder geänderter Hardware, Software, Dokumentation, Prozesse oder anderer Komponenten in Live-Umgebungen." Ref. 5.3.1
2	A	7.1.f	A. Richtig. „Service Desks bieten Anwendern einen klaren Weg, um Schwierigkeiten, Fragen und Anfragen zu melden und diese erfassen, klassifizieren, zuweisen und beantworten zu lassen." Ref. 5.2.14 B. Falsch. Die „Incident Management Practice" befasst sich nur mit Incidents und nicht mit Fragen und Anfragen. „Der Zweck der Incident Management Practice ist das Minimieren der negativen Auswirkung von Incidents, indem der normale Servicebetrieb schnellstmöglich wiederhergestellt wird." Ref. 5.2.5 C. Falsch. Die „Change Control Practice" befasst sich nur mit Change Requests und nicht mit anderen Fragen und Anfragen. „Der Zweck der Change Control Practice ist die Maximierung der Anzahl erfolgreicher Service- und Produktänderungen durch das Sicherstellen, dass Risiken richtig bewertet wurden, die Genehmigung von Changes und die Verwaltung des Change-Kalenders." Ref. 5.2.4 D. Falsch. Die „Service Level Management Practice" stellt sicher, dass Serviceziele erreicht werden. Sie managt keine Fragen und Anfragen von Anwendern. „Der Zweck der Service Level Management Practice ist das Festlegen klarer geschäftsbezogener Ziele für die Serviceleistung, sodass die Erbringung eines Service anhand dieser Ziele angemessen bewertet, überwacht und gemanagt werden kann." Ref. 5.2.13

Die ITIL® 4 Foundation-Prüfung

F	A	Syllabus-Referenz	Erläuterung
3	C	7.1.g	A. Falsch. „Der Zweck der Continual Improvement Practice ist das Anpassen der Practices und Services der Organisation an sich ändernde Geschäftsanforderungen durch die ständige Verbesserung von Produkten, Services und Practices oder aller Elemente, die am Management von Produkten und Services beteiligt sind." Ref. 5.1.2 B. Falsch. „Der Zweck der Service Desk Practice ist das Erfassen der Nachfrage nach der Lösung von Incidents und Service Requests (Serviceanfragen). Sie sollte auch der Eintrittspunkt und Single Point of Contact für den Service Provider mit allen seinen Anwendern sein." Ref. 5.2.14 C. Richtig. „Service Level Management identifiziert Messgrößen und Faktoren, welche die tatsächliche Erfahrung des Kunden und die Zufriedenheit mit dem gesamten Service wahrheitsgemäß widerspiegeln", und „Engagement ist erforderlich, um die tatsächlichen ständigen Anforderungen und Erfordernisse von Kunden zu verstehen und zu bestätigen, und nicht einfach, was vom Service Provider interpretiert wird oder vor Jahren vereinbart wurde." Ref. 5.2.15.1 D. Falsch. „Der Zweck der Problem Management Practice ist das Reduzieren der Eintrittswahrscheinlichkeit und der Auswirkung von Incidents durch die Identifizierung tatsächlicher und potenzieller Ursachen von Incidents und das Management von Workarounds und Known Errors." Ref. 5.2.8

Die ITIL® 4 Foundation-Prüfung

F	A	Syllabus-Referenz	Erläuterung
4	C	7.1.b	A. Falsch. Er kann zwar nach der Bereitstellung eines Change verwendet werden, aber dies ist nicht der Hauptzweck des Change-Kalenders. „Der Change-Kalender wird verwendet, um die Planung von Changes zu unterstützen, die Kommunikation zu vereinfachen, Konflikte zu vermeiden und Ressourcen zuzuweisen. Er kann nach der Bereitstellung von Changes verwendet werden, um Informationen zur Verfügung zu stellen, die für das Incident Management, das Problem Management und die Verbesserungsplanung erforderlich sind." Ref. 5.2.4 B. Falsch. „Notfall-Changes: Dies sind Changes, die so schnell wie möglich implementiert werden müssen; z. B. zur Lösung eines Incidents oder zur Implementierung eines Sicherheits-Patches. Notfall-Changes sind normalerweise nicht in einem Change-Kalender enthalten und der Prozess zur Bewertung und Autorisierung wird beschleunigt, damit sie schnell implementiert werden können." Ref. 5.2.4 C. Richtig. „Der Change-Kalender wird verwendet, um die Planung von Changes zu unterstützen, die Kommunikation zu vereinfachen, Konflikte zu vermeiden und Ressourcen zuzuweisen. Ref. 5.2.4 D. Falsch. Standard-Changes sind vorab autorisiert und müssen nicht in einen Change-Kalender aufgenommen werden. „Dabei handelt es sich um Changes, die von geringem Risiko, vorab autorisiert, wohlverstanden und umfassend dokumentiert sind und implementiert werden können, ohne dass eine zusätzliche Autorisierung erforderlich ist." Ref. 5.2.4

Die ITIL® 4 Foundation-Prüfung

F	A	Syllabus-Referenz	Erläuterung
5	D	3.1.d	A. Falsch. Die Dimension „Organisationen und Menschen" beschreibt „Rollen und Verantwortlichkeiten, formelle Organisationsstrukturen, die Organisationskultur und die erforderlichen Mitarbeiter und Kompetenzen". Ref. 3.1 B. Falsch. Die Dimension „Informationen und Technologie" umfasst „die Informationen und Kenntnisse, die für das Management von Services erforderlich sind sowie die dafür erforderlichen Technologien" und „die Informationen, die im Verlauf von Servicebereitstellung und -konsum erstellt, verwaltet und verwendet werden, und die Technologien, die diesen Service unterstützen und ermöglichen". Ref. 3.2 C. Falsch. „Die Dimension „Partner und Lieferanten" umfasst die Beziehungen einer Organisation zu anderen Organisationen, die an Design, Entwicklung, Deployment, Bereitstellung, Support und/oder kontinuierlicher Verbesserung von Services beteiligt sind. Sie umfasst auch Verträge und andere Vereinbarungen zwischen der Organisation und ihren Partnern oder Lieferanten." Ref. 3.3 D. Richtig. Die Dimension „Wertströme und Prozesse" konzentriert sich darauf, welche Aktivitäten die Organisation unternimmt und wie diese organisiert sind, und auch darauf, wie die Organisation sicherstellt, dass sie effizient und effektiv für alle Stakeholder Wertschöpfung ermöglicht." Ref. 3.4
6	A	7.1.c	A. Richtig. „Komplexere Incidents werden i. d. R. an ein Support-Team zur Lösung eskaliert. Normalerweise basiert die Weiterleitung auf der Incident-Kategorie, die es erleichtern sollte, das korrekte Team zu ermitteln." Ref. 5.2.5 B. Falsch. Die Kategorie bezieht sich auf die Art von Incident, wohingegen die Priorität durch die geschäftlichen Auswirkungen bestimmt wird. „Incidents werden auf Basis einer vereinbarten Klassifizierung priorisiert, um sicherzustellen, dass Incidents mit den höchsten geschäftlichen Auswirkungen zuerst gelöst werden." Ref. 5.2.5 C. Falsch. „Jeder Incident sollte erfasst und gemanagt werden, um sicherzustellen, dass er innerhalb eines Zeitfensters gelöst wird, das die Erwartungen des Kunden und Anwenders erfüllt." Durch Kategorisierung alleine wird dies nicht sichergestellt. Ref. 5.2.5 D. Falsch. Kunden- und Anwenderzufriedenheit bestimmt, wie der Service Provider wahrgenommen wird. „Das Incident Management kann erhebliche Auswirkungen auf die Kunden- und Anwenderzufriedenheit haben und darauf, wie Kunden und Anwender den Service Provider wahrnehmen." Ref. 5.2.5

Die ITIL® 4 Foundation-Prüfung

F	A	Syllabus-Referenz	Erläuterung
7	B	1.1.a	A. Falsch. „Warranty" ist eine „Zusicherung, dass ein Produkt oder Service den vereinbarten Anforderungen entspricht". Warranty eines Service ist erforderlich, aber nicht ausreichend, um gemeinsamen Mehrwert zu schaffen. Ref. 2.5.4 B. Richtig. Ein Service ist „eine Möglichkeit, gemeinsamen Mehrwert zu schaffen, indem das Erreichen der von Kunden angestrebten Ergebnisse erleichtert wird, ohne dass der Kunde bestimmte Kosten und Risiken managen muss". Ref. 2.3.1 C. Falsch. Utility ist „die Funktionalität, die von einem Produkt oder Service angeboten wird". Die Utility eines Service ist erforderlich, aber nicht ausreichend, um gemeinsamen Mehrwert zu schaffen. Ref. 2.5.4 D. Falsch. Ein Output ist „ein materieller oder immaterieller Liefergegenstand einer Aktivität". Der Output eines Service ist erforderlich, aber nicht ausreichend, um gemeinsamen Mehrwert zu schaffen. Ref. 2.5.1
8	A	7.1.a	A. Richtig. „Auch wenn jeder einen Beitrag leisten sollte, sollte ein kleines dediziertes Team sich in Vollzeit für das „Continual Improvement" engagieren und für die Verfechtung der Practice in der gesamten Organisation abgestellt sein." Ref. 5.1.2 B. Falsch. „Unterschiedliche Arten von Verbesserungen können unterschiedliche Verbesserungsmethoden erfordern. So lassen sich z. B. manche Verbesserungen möglicherweise am besten in ein mehrphasiges Projekt unterteilen, während für andere möglicherweise eine einzelne schnelle Initiative besser geeignet ist." Ref. 5.1.2 C. Falsch. „Die Continual Improvement Practice ist zentral für die Entwicklung und Pflege jeder anderen Practice." Ref. 5.1.2 D. Falsch. „Wenn Drittanbieter Teil der Servicelandschaft sind, sollten sie auch Teil der Bemühungen um Verbesserungen sein." Ref. 5.1.2

Die ITIL® 4 Foundation-Prüfung

F	A	Syllabus-Referenz	Erläuterung
9	B	7.1.c	A. Falsch. „Ziellösungszeiten werden vereinbart, dokumentiert und kommuniziert, um sicherzustellen, dass die Erwartungen realistisch sind." Ein gutes IT Service Management-Tool kann der Organisation helfen, diese Zeiten einzuhalten, aber das Tool kann nicht sicherstellen, dass dies auch geschieht. Darüber hinaus ist die Identifizierung der Ursachen von Incidents eine Aktivität im Rahmen des Problem Management. Ref. 5.2.5 B. Richtig. „Moderne IT Service Management-Tools können einen automatischen Abgleich von Incidents mit anderen Incidents, Problemen oder Known Errors ermöglichen." Ref. 5.2.5 C. Falsch. „Incident Management" erfordert, dass Lieferantenverträge richtig abgestimmt sind, aber die Sicherstellung der Abstimmung der Verträge ist Zweck der „Supplier Management Practice". Ref. 5.1.13 D. Falsch. „Besonders komplexe Incidents und alle Major Incidents erfordern oft, dass ein temporäres Team gemeinsam an der Ermittlung der Lösung arbeitet." „Die Untersuchung besonders komplizierter Incidents erfordert oft eher Wissen und Know-how als Verfahrensschritte." Ref. 5.2.5
10	A	7.1.e	A. Richtig. „Der Zweck der Service Request Management Practice ist die Unterstützung der vereinbarten Qualität eines Service durch die Bearbeitung aller vordefinierten, vom Anwender initiierten Service Requests ..." und ein Service Request wird definiert als „eine Anfrage eines Anwenders oder des Bevollmächtigten eines Anwenders, die eine Serviceaktion einleitet." Ref. 5.2.16 B. Falsch. Ein Kunde ist „eine Person, die die Anforderungen an einen Service definiert und die Verantwortung für die Ergebnisse des Servicekonsums übernimmt". Ein Kunde könnte auch ein Anwender sein und in dieser Rolle kann er einen Service Request (Serviceanfrage) übermitteln. Ref. 2.2.2 C. Falsch. Ein Sponsor ist „eine Person, die das Budget für den Servicekonsum genehmigt". Ein Sponsor könnte auch ein Anwender sein und in dieser Rolle kann er einen Service Request (Serviceanfrage) übermitteln. Ref. 2.2.2 D. Falsch. „Die Dimension „Partner und Lieferanten" umfasst die Beziehungen einer Organisation zu anderen Organisationen, die an Design, Entwicklung, Deployment, Bereitstellung, Support und/oder kontinuierlicher Verbesserung von Services beteiligt sind." Dies schließt den Konsum von Services nicht ein und „der Zweck der Service Request Management Practice ist die Unterstützung der vereinbarten Qualität eines Service durch die Bearbeitung aller vordefinierten, vom Anwender initiierten Service Requests (Serviceanfragen)". Ref. 3.3

Die ITIL® 4 Foundation-Prüfung

F	A	Syllabus-Referenz	Erläuterung
11	C	7.1.f	A. Falsch. „Der Zweck der Incident Management Practice ist das Minimieren der negativen Auswirkung von Incidents, indem der normale Servicebetrieb schnellstmöglich wiederhergestellt wird." Die „Incident Management Practice" stellt keinen Single Point of Contact für Serviceanwender bereit. Ref. 5.2.5 B. Falsch. „Der Zweck der Change Control Practice ist die Maximierung der Anzahl erfolgreicher Service- und Produktänderungen durch das Sicherstellen, dass Risiken richtig bewertet wurden, die Genehmigung von Changes und die Verwaltung des Change-Kalenders." Die „Change Control Practice" stellt keinen Single Point of Contact für Serviceanwender bereit. Ref. 5.2.4 C. Richtig. „Der Zweck der Service Desk Practice ist die Erfassung von Nachfragen nach Lösung von Incidents und Service Requests. Sie sollte auch der Eintrittspunkt und Single Point of Contact für den Service Provider mit allen seinen Anwendern sein." Ref. 5.2.14 D. Falsch. „Der Zweck der Service Request Management Practice ist das Unterstützen der vereinbarten Servicequalität, indem alle vordefinierten, vom Anwender initiierten Service Requests effektiv und benutzerfreundlich bearbeitet werden." Die „Service Request Management Practice" stellt keinen Single Point of Contact für Serviceanwender bereit. Ref. 5.2.16
12	A	2.2.e	A. Richtig. Das Grundprinzip „Ganzheitlich denken und arbeiten" empfiehlt die Berücksichtigung aller Aspekte einer Organisation, wenn Mehrwert in Form von Services erbracht wird. Dies umfasst alle vier Dimensionen des Service Management (Organisationen und Menschen; Informationen und Technologie; Partner und Lieferanten; Wertströme und Prozesse). „Services werden internen und externen Servicekonsumenten durch die Koordination und Integration der vier Dimensionen des Service Management bereitgestellt." Ref. 4.3.5 B. Falsch. Das Grundprinzip „Iterative Weiterentwicklung mit Feedback" befasst sich mit der Aufteilung von Initiativen in handliche Schritte, die leichter ausgeführt werden können. Es befasst sich nicht hauptsächlich mit den vier Dimensionen des Service Managements. Ref. 4.3.3 C. Falsch. Das Grundprinzip „Wertorientierung" stellt sicher, dass alle Aktivitäten der Organisation mit der Bereitstellung von Mehrwert für Servicekonsumenten verknüpft sind. Es befasst sich nicht hauptsächlich mit den vier Dimensionen des Service Managements. Ref. 4.3.1 D. Falsch. Das Grundprinzip „Auf Einfachheit und Praktikabilität achten" konzentriert sich darauf, die Dinge durch die Reduzierung von Komplexität und das Streichen unnötiger Aktivitäten und Schritte einfach zu halten. Es befasst sich nicht hauptsächlich mit den vier Dimensionen des Service Managements. Ref. 4.3.6

Die ITIL® 4 Foundation-Prüfung

F	A	Syllabus-Referenz	Erläuterung
13	B	7.1.e	A. Falsch. Dies würde durch die „Change Control Practice" unterstützt werden. Ein Change ist „das Hinzufügen, Modifizieren oder Entfernen eines Elements, das direkte oder indirekte Auswirkungen auf Services haben könnte". Normale Changes „müssen geplant, bewertet und autorisiert werden". Ref. 5.2.4 B. Richtig. Ein Service Request (Serviceanfrage) ist „eine Anfrage eines Anwenders oder des Bevollmächtigten eines Anwenders, die eine Serviceaktion einleitet, die als normaler Bestandteil der Servicebereitstellung vereinbart wurde". Ref. 5.2.16 C. Falsch. Dies würde durch die „Incident Management Practice" unterstützt werden. Ein Incident ist „eine nicht geplante Unterbrechung eines Service oder eine Qualitätsminderung eines Service". Ref. 5.2.5 D. Falsch. Dies würde durch die „Problem Management Practice" unterstützt werden. Ein Problem ist „eine Ursache oder mögliche Ursache für einen oder mehrere Incidents". Ref. 5.2.8
14	D	7.1.a	A. Falsch. Die Service Level Management Practice ist nicht die Verantwortlichkeit eines jedes Mitglieds der Organisation. Eine Reihe von Rollen sind erforderlich, aber es gibt keine feste Struktur. Es wird empfohlen, möglichst eine unabhängige und nicht abgestimmte Rolle zu haben. Ref. 5.2.15 B. Falsch. Die „Change Control Practice" ist nicht die Verantwortlichkeit eines jedes Mitglieds der Organisation. Viele Rollen können der Change Control zugewiesen werden, z. B. die Change-Autorität. Sie erfordert auch Input von Personen mit Expertenwissen. Ref. 5.2.4 C. Falsch. Die „Problem Management Practice" ist nicht die Verantwortlichkeit eines jedes Mitglieds der Organisation. Die meisten Problem Management-Aktivitäten erfordern das Wissen und die Erfahrungen von Mitarbeitern. Ref. 5.2.8 D. Richtig. „Continual Improvement ist die Verantwortlichkeit jedes Beteiligten" und „das Engagement für Continual Improvement und die entsprechende Practice muss jede Faser der Organisation durchdringen." Ref. 5.1.2

Die ITIL® 4 Foundation-Prüfung

F	A	Syllabus-Referenz	Erläuterung
15	D	6.1.a	A. Falsch. „Der Zweck der Information Security Management Practice ist das Schützen der Informationen, die eine Organisation für ihre Geschäftstätigkeit benötigt. Dies schließt das Verstehen und Managen von Risiken für die Vertraulichkeit, Integrität und Verfügbarkeit von Informationen sowie andere Aspekte der Informationssicherheit ein, wie z. B. Authentifizierung (Sicherstellen, dass ein Anwender der ist, der er vorgibt zu sein) und Nichtabstreitbarkeit (Sicherstellen, dass jemand die Durchführung einer Aktion nicht leugnen kann)." Ref. 5.1.3 B. Falsch. „Der Zweck der Information Security Management Practice ist das Schützen der Informationen, die eine Organisation für ihre Geschäftstätigkeit benötigt. Dies schließt das Verstehen und Managen von Risiken für die Vertraulichkeit, Integrität und Verfügbarkeit von Informationen sowie andere Aspekte der Informationssicherheit ein, wie z. B. Authentifizierung (Sicherstellen, dass ein Anwender der ist, der er vorgibt zu sein) und Nichtabstreitbarkeit (Sicherstellen, dass jemand die Durchführung einer Aktion nicht leugnen kann)." Ref. 5.1.3 C. Falsch. „Der Zweck der Information Security Management Practice ist das Schützen der Informationen, die eine Organisation für ihre Geschäftstätigkeit benötigt. Dies schließt das Verstehen und Managen von Risiken für die Vertraulichkeit, Integrität und Verfügbarkeit von Informationen sowie andere Aspekte der Informationssicherheit ein, wie z. B. Authentifizierung (Sicherstellen, dass ein Anwender der ist, der er vorgibt zu sein) und Nichtabstreitbarkeit (Sicherstellen, dass jemand die Durchführung einer Aktion nicht leugnen kann)." Ref. 5.1.3 D. Richtig. „Der Zweck der Information Security Management Practice ist das Schützen der Informationen, die eine Organisation für ihre Geschäftstätigkeit benötigt. Dies schließt das Verstehen und Managen von Risiken für die Vertraulichkeit, Integrität und Verfügbarkeit von Informationen sowie andere Aspekte der Informationssicherheit ein, wie z. B. Authentifizierung (Sicherstellen, dass ein Anwender der ist, der er vorgibt zu sein) und Nichtabstreitbarkeit (Sicherstellen, dass jemand die Durchführung einer Aktion nicht leugnen kann)." Ref. 5.1.3

Die ITIL® 4 Foundation-Prüfung

F	A	Syllabus-Referenz	Erläuterung
16	B	2.2.b	A. Falsch. Das Grundprinzip „Wertorientierung" besagt, dass „alle Aktivitäten, die von der Organisation durchgeführt werden, direkt oder indirekt mit Mehrwert für sie selbst, ihre Kunden und andere Stakeholder verknüpft sein sollte." Ref. 4.3.1 B. Richtig. Das Grundprinzip „Dort beginnen, wo man steht" empfiehlt, das „bereits vorhandene Services und Methoden direkt gemessen und/oder beobachtet werden sollten, um deren aktuellen Zustand und die zur erneuten Verwendung geeigneten Komponenten richtig zu verstehen ... Daten von der Quelle zu erhalten hilft, Annahmen zu vermeiden, die fatale Auswirkungen auf Zeitpläne, Budgets und die Qualität von Ergebnissen haben können, falls sie sich als falsch herausstellen." Ref. 4.3.2 C. Falsch. Das Grundprinzip „Auf Einfachheit und Praktikabilität achten" besagt, dass eine Organisation „immer nur so viele Schritte verwenden sollte, wie zum Erreichen eines Ziels absolut nötig". Ref. 4.3.6 D. Falsch. Das Prinzip „Iterative Weiterentwicklung mit Feedback" besagt, dass man sich „durch das Unterteilen der Aufgabe in kleinere, handlichere Schritte, die in einem übersichtlichen Zeitrahmen ausgeführt und abgeschlossen werden können, besser auf die einzelnen Schritte konzentrieren und die Konzentration besser halten kann". Ref. 4.3.3
17	C	7.1.c	A. Falsch. „Es kann beim ersten Kontakt zu Anwendern Skripte für das Sammeln von Informationen geben." Ref. 5.2.5 B. Falsch. „Es sollte einen formellen Prozess für die Erfassung und das Management von Incidents geben." Ref. 5.2.5 C. Richtig. „Dieser Prozess umfasst normalerweise NICHT ausführliche Verfahren für die Diagnose, Untersuchung und Lösung von Incidents." Ref. 5.2.5 D. Falsch. „Die Untersuchung besonders komplizierter Incidents erfordert oft eher Wissen und Know-how als Verfahrensschritte." Ref. 5.2.5

Die ITIL® 4 Foundation-Prüfung

F	A	Syllabus-Referenz	Erläuterung
18	A	2.1	A. Richtig. Ein Grundprinzip wird definiert als eine Empfehlung, die eine Organisation in allen Situationen leiten kann und Organisationen bei der Einführung von Service Management leiten wird. Grundprinzipien werden nicht als bindend oder verpflichtend beschrieben. Ref. 4.3 B. Falsch. Die Grundprinzipien werden von Organisation geprüft und übernommen. Die Grundprinzipien leiten Organisationen dabei, Entscheidungen zu treffen und Aktionen durchzuführen. Sie schreiben keine bestimmten Aktionen und Entscheidungen vor. Ref. 4.3.8 C. Falsch. Organisationen verwenden die Prinzipien, die für sie relevant sind, und sind nicht verpflichtet, eine bestimmte Anzahl von Prinzipien zu verwenden. Ref. 4.3 D. Falsch. Die Grundprinzipien leiten Organisationen dabei, Entscheidungen zu treffen und Aktionen durchzuführen. Sie sind nicht verpflichtend. Ref. 4.3
19	B	7.1.b	A. Falsch. „Es ist wichtig, dass jedem Change-Typ die richtige Change-Autorität zugewiesen wird, damit Change Control sowohl effizient als auch effektiv sein kann." Bei normalen Changes „bestimmen die auf dem Typ von Change basierten Change-Modelle die Rollen für deren Bewertung und Autorisierung." Eine einzelne Change-Autorität ist unzureichend. Ref. 5.2.4 B. Richtig. „Es ist wichtig, dass jedem Change-Typ die richtige Change-Autorität zugewiesen wird, damit Change Control sowohl effizient als auch effektiv sein kann." Bei normalen Changes „bestimmen die auf dem Typ von Change basierten Change-Modelle die Rollen für deren Bewertung und Autorisierung." Ref. 5.2.4 C. Falsch. Normale Changes sind „Changes, die einem Prozess folgend geplant, bewertet und autorisiert werden müssen". Somit werden alle normalen Changes von einer Change-Autorität autorisiert. Standard-Changes können vorab autorisiert sein: „Dabei handelt es sich um Changes, die von geringem Risiko, vorab autorisiert, wohlverstanden und umfassend dokumentiert sind und implementiert werden können, ohne dass eine zusätzliche Autorisierung erforderlich ist." Ref. 5.2.4 D. Falsch. „Notfall-Changes sind normalerweise nicht in einem Change-Kalender enthalten und der Prozess zu deren Bewertung und Autorisierung wird beschleunigt, damit sie schnell implementiert werden können." Daher werden alle Notfall-Changes von einer Change-Autorität autorisiert. Ref. 5.2.4

Die ITIL® 4 Foundation-Prüfung

F	A	Syllabus-Referenz	Erläuterung
20	C	6.1.f	A. Falsch. „Der Zweck der Change Control Practice ist die Maximierung der Anzahl erfolgreicher Service- und Produktänderungen durch das Sicherstellen, dass Risiken richtig bewertet wurden, die Genehmigung von Changes und die Verwaltung des Change-Kalenders." Ref. 5.2.4 B. Falsch. „Der Zweck der Service Request Management Practice ist das Unterstützen der vereinbarten Qualität eines Service, indem alle vordefinierten, vom Anwender initiierten Service Requests effektiv und benutzerfreundlich bearbeitet werden." Ref. 5.2.16 C. Richtig. „Der Zweck der Release Management Practice ist das Zurverfügungstellen neuer und geänderter Services und Funktionen." Ref. 5.2.9 D. Falsch. „Der Zweck der Deployment Management Practice ist das Bereitstellen neuer oder geänderter Hardware, Software, Dokumentation, Prozesse oder anderer Komponenten in Live-Umgebungen." Ref. 5.3.1
21	B	5.2.a	A. Falsch. Der Zweck der Wertschöpfungskettenaktivität „Verbesserung" ist, „eine kontinuierliche Verbesserung von Produkten, Services und Practices über alle Aktivitäten der Wertschöpfungskette und die vier Dimensionen des Service Management hinweg sicherzustellen". Ref. 4.5.2 B. Richtig. Der Zweck der Wertschöpfungskettenaktivität „Planung" ist, „ein gemeinsames Verständnis der Vision, des aktuellen Status und der Verbesserungsrichtung für alle vier Dimensionen und alle Produkte und Services in einer Organisation sicherzustellen". Ref. 4.5.1 C. Falsch. Der Zweck der Wertschöpfungskettenaktivität „Bereitstellung und Support" ist sicherzustellen, dass Services gemäß den vereinbarten Spezifikationen und den Erwartungen der Stakeholder bereitgestellt und unterstützt werden". Ref. 4.5.6 D. Falsch. Der Zweck der Wertschöpfungskettenaktivität „Erhalten/Erstellen" ist sicherzustellen, dass Servicekomponenten verfügbar sind, wann und wo sie benötigt werden, und dass sie den vereinbarten Spezifikationen entsprechen". Ref. 4.5.5

Die ITIL® 4 Foundation-Prüfung

F	A	Syllabus-Referenz	Erläuterung
22	D	5.1	A. Falsch. „Wertschöpfungskettenaktivitäten verwenden unterschiedliche Kombinationen von ITIL Practices." Keine Practice gehört zu einer einzelnen Wertschöpfungskettenaktivität. Ref. 4.5 B. Falsch. Servicewertströme sind „bestimmte Kombinationen von Aktivitäten und Practices, wobei jede für ein bestimmtes Szenario entworfen wurde" und „zu Servicebeziehungen gehören die Servicebereitstellung, der Servicekonsum und das Service Relationship Management". Ref. 4.5, 2.4.1 C. Falsch. Servicewertströme sind „bestimmte Kombinationen von Aktivitäten und Practices, wobei jede für ein bestimmtes Szenario entworfen wurde". In einer Service-Wertschöpfungskette können mehrere Servicewertströme enthalten sein. Ref. 4.5 D. Richtig. „Diese Aktivitäten stellen die Schritte dar, die eine Organisation bei der Wertschöpfung durchführt. Jede Aktivität wandelt Inputs in Outputs um. Diese Inputs können der Nachfrage von außerhalb der Wertschöpfungskette oder Outputs anderer Aktivitäten entsprechen. Alle Aktivitäten sind verknüpft, wobei jede Aktivität Anstöße für weitere Aktionen erhält und gibt." Ref. 4.5
23	A	6.1.c	A. Richtig. „Der Zweck der Supplier Management Practice ist sicherzustellen, dass die Lieferanten einer Organisation und deren Leistung angemessen gemanagt werden, um die nahtlose Bereitstellung von Qualitätsprodukten und -services zu unterstützen." Ref. 5.1.13 B. Falsch. „Der Zweck der Continual Improvement Practice ist das Anpassen der Practices und Services der Organisation an sich ändernde Geschäftsanforderungen durch ständige Verbesserung von Produkten, Services und Practices oder aller Elemente, die am Management von Produkten und Services beteiligt sind." Das ist nicht der Zweck der „Supplier Management Practice". Es ist unwahrscheinlich, dass eine Organisation ihre Practices ändert, um Anforderungen eines Lieferanten zu erfüllen. Ref. 5.1.2 C. Falsch. „Der Zweck der Relationship Management Practice ist das Aufbauen und Pflegen von Verbindungen zwischen der Organisation und ihren Stakeholdern auf strategischer und taktischer Ebene." Das ist nicht der Zweck der „Supplier Management Practice". Ref. 5.1.9 D. Falsch. „Der Zweck der Service Configuration Management Practice ist sicherzustellen, dass jederzeit und überall genaue und zuverlässige Informationen über die Konfiguration von Services und den unterstützenden CIs verfügbar sind." Das ist nicht der Zweck der „Supplier Management Practice". Ref. 5.2.11

Die ITIL® 4 Foundation-Prüfung

F	A	Syllabus-Referenz	Erläuterung
24	B	1.2.a	A. Falsch. Der Preis des Service ist nur ein Teil der Kosten, die dem Konsumenten auferlegt werden. Die Kosten der Erstellung des Service sind für den Service Provider relevant, nicht für den Servicekonsumenten. Der Servicekonsument sollte auch die Kosten beurteilen, die für ihn anfallen. Ref. 2.5.2 B. Richtig. Aus Sicht des Servicekonsumenten sind an Servicebeziehungen zwei Arten von Kosten beteiligt: 1. Kosten, die durch den Service für den Servicekonsumenten entfallen (ein Teil des Werteangebots). Dies kann Kosten für Mitarbeiter, Technologie und andere Ressourcen umfassen, die vom Konsumenten nicht benötigt werden. 2. Kosten, die dem Konsumenten durch den Service auferlegt werden (die Kosten des Servicekonsums). Die Gesamtkosten des Servicekonsums umfassen den Preis, der vom Service Provider in Rechnung gestellt wird (falls vorhanden) sowie andere Kosten wie Mitarbeiterschulungen, Kosten der Netzwerknutzung, Einkauf etc. Ref. 2.5.2 C. Falsch. Die Kosten der Bereitstellung des Service und die Kosten der Verbesserung des Service sind für den Service Provider relevant, nicht für den Servicekonsumenten. Der Servicekonsument sollte die Kosten, die für den Konsumenten entfallen, und die Kosten, die dem Konsumenten auferlegt werden, beurteilen. Ref. 2.5.2 D. Falsch. Die zwei Arten von Kosten, die ein Servicekonsument beurteilen sollte, sind Kosten, die für den Konsumenten entfallen, und Kosten, die Konsumenten auferlegt werden. Die Kosten für Hardware und Software können in einer der beiden Kostenarten enthalten sind, sind aber nur Teil dieser Kosten. Ref. 2.5.2

Die ITIL® 4 Foundation-Prüfung

F	A	Syllabus-Referenz	Erläuterung
25	C	6.1.n	A. Falsch. „Der Zweck der Problem Management Practice ist das Reduzieren der Wahrscheinlichkeit und der Auswirkung von Incidents durch die Identifizierung tatsächlicher und potenzieller Ursachen von Incidents und das Management von Workarounds und Known Errors." Ref. 5.2.8 B. Falsch. „Der Zweck der Change Control Practice ist die Maximierung der Anzahl erfolgreicher Service- und Produktänderungen durch das Sicherstellen, dass Risiken richtig bewertet wurden, die Genehmigung von Changes und die Verwaltung des Change-Kalenders." Ref. 5.2.4 C. Richtig. „Der Zweck der Service Desk Practice ist die Erfassung von Nachfragen nach Lösung von Incidents und Service Requests. Sie sollte auch der Eintrittspunkt und Single Point of Contact für den Service Provider mit allen seinen Anwendern sein." Ref. 5.2.14 D. Falsch. „Der Zweck der Service Level Management Practice ist das Festlegen klarer geschäftsbezogener Ziele für die Serviceleistung, sodass die Erbringung eines Service angemessen bewertet, überwacht und anhand dieser Ziele gemanagt werden kann." Ref. 5.2.1.5
26	B	7.1.a	A. Falsch. Die Leitlinie beschreibt, dass es viele Methoden gibt, die für Verbesserungsinitiativen verwendet werden können, und warnt davor, zu viele zu verwenden. Außerdem besagt sie, dass „unterschiedliche Arten von Verbesserungen unterschiedliche Verbesserungsmethoden erfordern können". Daher ist es nicht empfehlenswert, jedes Mal eine neue Methode zu verwenden. Ref. 5.1.2 B. Richtig. Die Leitlinie beschreibt, dass es viele Methoden gibt, die für Verbesserungsinitiativen verwendet werden können, und warnt davor, zu viele zu verwenden. Die Leitlinie besagt, dass „es eine gute Idee ist, einige Schlüsselmethoden auszuwählen, die für die Arten von Verbesserungen geeignet sind, welche die Organisation normalerweise umsetzt, und diese Methoden zu entwickeln." Ref. 5.1.2 C. Falsch. Die Leitlinie beschreibt, dass es viele Methoden gibt, die für Verbesserungsinitiativen verwendet werden können, und warnt davor, zu viele zu verwenden. Ref. 5.1.2 D. Falsch. Die Leitlinie beschreibt, dass es viele Methoden gibt, die für Verbesserungsinitiativen verwendet werden können, und warnt davor, zu viele zu verwenden. Außerdem besagt sie, dass „unterschiedliche Arten von Verbesserungen unterschiedliche Verbesserungsmethoden erfordern können". Daher ist es nicht empfehlenswert, eine einzelne Methode auszuwählen. Ref. 5.1.2

Die ITIL® 4 Foundation-Prüfung

F	A	Syllabus-Referenz	Erläuterung
27	D	4.1	A. Falsch. Die sieben Grundprinzipien sind „Wertorientierung", „Dort beginnen, wo man steht", „Iterative Weiterentwicklung mit Feedback", „Zusammenarbeiten und Transparenz fördern", „Ganzheitlich denken und arbeiten", „Auf Einfachheit und Praktikabilität achten" und „Optimieren und automatisieren". Ref. 4.3 B. Falsch. Die vier Dimensionen des Service Management sind „Organisationen und Menschen", „Informationen und Technologie", „Partner und Lieferanten" und „Wertströme und Prozesse". Ref. 3.1-3.4 C. Falsch. Die Aktivitäten der Service-Wertschöpfungskette sind „Planung", „Verbesserung", „Engagement", „Design und Transition (Überführung)", „Erhalten/Erstellen" und „Bereitstellung und Support". Ref. 4.5 D. Richtig. Die Komponenten des Servicewertsystems sind „Grundprinzipien", „Governance", „Service-Wertschöpfungskette", „Practices" und „Continual Improvement". Ref. 4.1
28	C	7.1.f	A. Falsch. „Angesichts zunehmender Automatisierung, KI, Prozessautomatisierung durch Roboter und Chatbots bieten Service Desks immer mehr Self-Service-Funktionen für die direkte Erfassung und Lösung über Onlineportale und mobile Anwendungen." Ref. 5.2.14 B. Falsch. „Das Service Desk muss möglicherweise nicht stark spezialisiert sein, aber einige sind es." Ref. 5.2.14 C. Richtig. „Ein weiterer zentraler Aspekt eines guten Service Desk ist dessen praktisches Verständnis der Organisation als Ganzes sowie ihrer Geschäftsprozesse und der Anwender." Ref. 5.2.14 D. Falsch. „In manchen Fällen ist das Service Desk ein physisches Team, das an einem einzelnen Ort arbeitet ... In anderen Fällen erlaubt ein virtuelles Service Desk Mitarbeitern, an mehreren geografisch verteilten Standorten zu arbeiten." Ref. 5.2.14

Die ITIL® 4 Foundation-Prüfung

F	A	Syllabus-Referenz	Erläuterung
29	C	2.2.c	A. Falsch. Das Grundprinzip „Wertorientierung" hilft sicherzustellen, dass Sie alle Aspekte des Werts für den Servicekonsumenten sowie den Service Provider und andere Stakeholder berücksichtigen. Es beschreibt nicht konkret, Aufgaben in kleinere, handlichere Schritte zu unterteilen, die in einem übersichtlichen Zeitrahmen ausgeführt und abgeschlossen werden können. Ref. 4.3.1 B. Falsch. Das Grundprinzip „Dort beginnen, wo man steht" erleichtert es, Verschwendung zu vermeiden und vorhandene Services, Prozesse, Mitarbeiter, Tools etc. einzusetzen. Es beschreibt nicht konkret, Aufgaben in kleinere, handlichere Schritte zu unterteilen, die in einem übersichtlichen Zeitrahmen ausgeführt und abgeschlossen werden können. Ref. 4.3.2 C. Richtig. Die Beschreibung des Grundprinzips „Iterative Weiterentwicklung mit Feedback" besagt, dass man sich „durch das Unterteilen der Aufgabe in kleinere, handlichere Schritte, die in einem übersichtlichen Zeitrahmen ausgeführt und abgeschlossen werden können, besser auf die einzelnen Schritte konzentrieren und die Konzentration besser halten kann". Ref. 4.3.3 D. Falsch. Das Grundprinzip „Zusammenarbeiten und Transparenz fördern" erleichtert es, die richtigen Personen einzubeziehen, bessere Entscheidungen zu treffen sowie die Erfolgswahrscheinlichkeit zu erhöhen. Es beschreibt nicht konkret, Aufgaben in kleinere, handlichere Schritte zu unterteilen, die in einem übersichtlichen Zeitrahmen ausgeführt und abgeschlossen werden können. Ref. 4.3.4

Die ITIL® 4 Foundation-Prüfung

F	A	Syllabus-Referenz	Erläuterung
30	A	7.1.b	A. Richtig. „Dabei handelt es sich um Changes, die von geringem Risiko, vorab autorisiert, wohlverstanden und umfassend dokumentiert sind und implementiert werden können, ohne dass eine zusätzliche Autorisierung erforderlich ist. Sie werden oft als Service Requests (Serviceanfragen) eingeleitet, können aber auch betriebliche Changes sein. Wenn das Verfahren für einen Standard-Change erstellt oder modifiziert wird, sollte eine umfassende Risikobewertung und Autorisierung wie bei jedem anderen Change erfolgen. Diese Risikobewertung muss nicht jedes Mal wiederholt werden, wenn der Standard-Change implementiert wird; sie muss nur erfolgen, wenn die Art der Ausführung modifiziert wird." Ref. 5.2.4 B. Falsch. Normale Changes sind „Changes, die geplant, bewertet und autorisiert werden müssen". Ref. 5.2.4 C. Falsch. Ein Notfall-Change, der zur Lösung eines Incidents erforderlich ist, sollte dennoch bewertet und autorisiert werden. „Notfall-Changes sollten so weit wie möglich den gleichen Tests, Bewertungen und Autorisierungen wie normale Changes unterzogen werden." Ref. 5.2.4 D. Falsch. Dies ist eine Beschreibung eines normalen Change: „Changes, die geplant, bewertet und autorisiert werden müssen". Ref. 5.2.4
31	C	7.1.d	A. Falsch. Ein Change Request wird nur erstellt, wenn er gerechtfertigt ist. "Fehlersteuerung umfasst auch die Identifizierung möglicher dauerhafter Lösungen, die zu einem Change Request für die Implementierung einer Lösung führen können – aber nur, wenn dieser im Hinblick auf die Kosten, Risiken und Vorteile gerechtfertigt ist." Ref. 5.2.8 B. Falsch. Der Service wird von der „Incident Management Practice" wiederhergestellt, nicht von der „Problem Management Practice". „Der Zweck der Incident Management Practice ist das Minimieren der negativen Auswirkung von Incidents, indem der normale Servicebetrieb schnellstmöglich wiederhergestellt wird." Ref. 5.2.5 C. Richtig. "Ein effektiver Workaround für einen Incident kann zu einem dauerhaften Umgang mit Problemen werden, wenn die Lösung des Problems nicht realisierbar oder kosteneffektiv ist. In diesem Fall verbleibt das Problem im Status „Known Error" und der dokumentierte Workaround (Umgehungslösung) wird angewendet, wenn ähnliche Incidents auftreten." Ref. 5.2.8 D. Falsch. Der Problem Record wird nicht gelöscht. „Workarounds (Umgehungslösungen) werden in Problem Records dokumentiert". „… das Problem verbleibt im Status „Known Error" und der dokumentierte Workaround (Umgehungslösung) wird angewendet, wenn ähnliche Incidents auftreten." Ref. 5.2.8

Die ITIL® 4 Foundation-Prüfung

F	A	Syllabus-Referenz	Erläuterung
32	A	6.2.d	A. Richtig. Ein Change ist „das Hinzufügen, Modifizieren oder Entfernen eines Elements, das direkte oder indirekte Auswirkungen auf Services haben könnte". Ref. 5.2.4 B. Falsch. „Der Zweck der Service Configuration Management Practice ist, sicherzustellen, dass jederzeit und überall genaue und zuverlässige Informationen über die Konfiguration von Services und den unterstützenden CIs verfügbar sind." Ref. 5.2.11 C. Falsch. „Der Zweck der Release Management Practice ist das Zurverfügungstellen neuer und geänderter Services und Funktionen." Ref. 5.2.9 D. Falsch. „Der Zweck der Deployment Management Practice ist das Bereitstellen neuer oder geänderter Hardware, Software, Dokumentation, Prozesse oder anderer Komponenten in Live-Umgebungen." Ref. 5.3.1
33	A	6.2.b	A. Richtig. „Ein Event kann als jede Statusänderung definiert werden, die für das Management eines Service oder eines anderen Configuration Items (CI) von Bedeutung ist." Ref. 5.2.7 B. Falsch. Die Definition eines Configuration Item (CI) ist „alle Komponenten, die gemanagt werden müssen, um einen IT Service bereitstellen zu können". Ref. 5.2.11 C. Falsch. Ein Incident ist „eine nicht geplante Unterbrechung eines Service oder eine Qualitätsminderung eines Service". Ref. 5.2.5 D. Falsch. Ein IT-Asset ist „jede finanziell wertvolle Komponente, die zur Bereitstellung eines IT-Produkts oder Erbringung eines IT Service beitragen kann". Ref. 5.2.11
34	C	1.2.d	A. Falsch. „Ein materieller oder immaterieller Liefergegenstand einer Aktivität" ist die Definition von „Output", nicht von „Ergebnis". Ref. 2.5.1 B. Falsch. „Die Funktionalität, die von einem Produkt oder Service angeboten wird, um einem bestimmten Bedarf gerecht zu werden" ist die Definition von „Utility", nicht die von „Ergebnis". Die Utility des Service kann Ergebnisse unterstützen. Ref. 2.5.4 C. Richtig. Ein Ergebnis ist „ein Resultat für einen Stakeholder, das durch einen oder mehrere Outputs ermöglicht wird". Die Definition eines Service beschreibt, wie der Wert eines Service die gemeinsame Schaffung von Mehrwert ermöglicht, indem er das Erreichen der von Kunden gewünschten Ergebnisse unterstützt. Ref. 2.5.1 D. Falsch. Ein Produkt ist „eine Konfiguration der Ressourcen einer Organisation, die darauf ausgelegt ist, einen Mehrwert für einen Konsumenten zu bieten". Ref. 2.3.1

Die ITIL® 4 Foundation-Prüfung

F	A	Syllabus-Referenz	Erläuterung
35	D	3.1.b	A. Falsch. „Die Herausforderungen des Information Managements, wie z. B. diejenigen, die mit sicherheitsbezogenen und regulatorischen Compliance-Anforderungen verbunden sind, sind ebenfalls ein Fokus der Dimension [„Informationen und Technologie"]. Ref. 3.2 B. Falsch. „Die Technologien, die Service Management unterstützen, sind insbesondere Workflow Management-Systeme, Wissensdatenbanken, Bestandssysteme, Kommunikationssysteme und Analysetools." Ref. 3.2 C. Falsch. „Die Technologien, die Service Management unterstützen, sind insbesondere Workflow Management-Systeme, Wissensdatenbanken, Bestandssysteme, Kommunikationssysteme und Analysetools." Ref. 3.2 D. Richtig. „Die Dimension „Organisationen und Menschen" eines Service behandelt Rollen und Verantwortlichkeiten, formelle Organisationsstrukturen, die Organisationskultur und die erforderlichen Mitarbeiter und Kompetenzen, die allesamt mit der Erstellung, Bereitstellung und Verbesserung eines Service zusammenhängen." Ref. 3.1
36	D	7.1.d	D. Richtig. (1) „Aktivitäten des Problem Managements können in allen vier Dimensionen des Service Management Verbesserungsmöglichkeiten identifizieren. Lösungen können in manchen Fällen als Verbesserungsmöglichkeiten behandelt werden, sodass sie in ein Continual Improvement Register (CIR) aufgenommen werden. Sie werden mithilfe von Continual Improvement-Techniken priorisiert und gemanagt." (4) „Fehlersteuerung umfasst auch die Identifizierung möglicher dauerhafter Lösungen, die zu einem Change Request für die Implementierung einer Lösung führen können." Ref. 5.2.8 A, B, C. Falsch. (2) „Der Zweck der Service Request Management Practice ist das Unterstützen der vereinbarten Qualität eines Service, indem alle vordefinierten, vom Anwender initiierten Service Requests effektiv und benutzerfreundlich bearbeitet werden." Ref. 5.2.16 (3) „Der Zweck der Service Level Management Practice ist das Festlegen klarer geschäftsbezogener Ziele für Service Levels und das Sicherstellen, dass die Erbringung eines Service anhand dieser Ziele angemessen bewertet, überwacht und gemanagt wird."

F	A	Syllabus-Referenz	Erläuterung
37	B	2.2.f	A. Falsch. „Der Versuch, für jede Ausnahme eine Lösung bereitzustellen, führt oft zu einer Verkomplizierung. Beim Erstellen eines Prozesses oder Service müssen Designer Ausnahmen berücksichtigen. Sie können jedoch nicht alle abdecken. Stattdessen sollten Regeln entworfen werden, die zum allgemeinen Umgang mit Ausnahmen verwendet werden können." Ref. 4.3.6 B. Richtig. Das Grundprinzip „Auf Einfachheit und Praktikabilität achten" besagt: „Fragen Sie sich bei der Analyse einer Practice, eines Prozesses, eines Service, einer Messgröße oder eines anderen Verbesserungsziels stets, ob dieser/diese zur Wertschöpfung beiträgt". Ref. 4.3.6.1 C. Falsch. „Achten Sie beim Entwerfen, Managen oder Ausführen von betrieblichen Practices auf sich widersprechende Zielsetzungen ... die Organisation sollte ein Gleichgewicht zwischen ihnen vereinbaren." Ref. 4.3.6.2 D. Falsch. „Es ist besser, mit einem unkomplizierten Ansatz anzufangen und erst dann Schritt für Schritt Steuerungen, Aktivitäten oder Messgrößen hinzuzufügen, wenn festgestellt wird, dass diese wirklich erforderlich sind." Ref. 4.3.6.1
38	C	2.2.a	A. Falsch. Es ist wichtig, sich bewusst zu sein, wer der Servicekonsument ist und was ihm wichtig ist. Die Ergebnisse sollten auf diesem Verständnis aufbauen, anstatt diese zu bestimmen. „Der erste Schritt im Rahmen der Wertorientierung ist, zu wissen, für wen der Service erbracht wird. Daher muss sich der Service Provider in jeder Situation bewusst sein, wer der Servicekonsument ist." Ref. 4.3.1.1 B. Falsch. Lieferanten und Partner sind mögliche Stakeholder, aber es ist wichtig, zuerst den Servicekonsumenten zu identifizieren. „Der erste Schritt im Rahmen der Wertorientierung ist, zu wissen, für wen der Service erbracht wird. Daher muss sich der Service Provider in jeder Situation bewusst sein, wer der Servicekonsument ist." Ref. 4.3.1.1 C. Richtig. „Der erste Schritt im Rahmen der Wertorientierung ist, zu wissen, für wen der Service erbracht wird. Daher muss sich der Service Provider in jeder Situation bewusst sein, wer der Servicekonsument ist." Ref. 4.3.1.1 D. Falsch. Die Kosten der Bereitstellung des Service können Einfluss auf den Wert aus der Perspektive des Service Provider haben. Es gilt jedoch: „Der erste Schritt im Rahmen der Wertorientierung ist, zu wissen, für wen der Service erbracht wird. Daher muss sich der Service Provider in jeder Situation bewusst sein, wer der Servicekonsument ist." Ref. 4.3.1.1

F	A	Syllabus-Referenz	Erläuterung
39	D	1.3.a	A. Falsch. Die Kombination der Dinge, die in dieser Option beschrieben sind, kann zur Wertschöpfung beitragen, aber sie stellt an sich kein Beispiel für Wert dar. Wert ist „die wahrgenommenen Vorteile, der Nutzen und die Bedeutung von etwas". Ref. 2.1 B. Falsch. Die Kombination der Dinge, die in dieser Option beschrieben sind, kann zur Schaffung eines Ergebnisses beitragen, aber sie stellt kein Beispiel für ein Ergebnis dar. Ergebnis ist „ein Resultat für einen Stakeholder, das durch einen oder mehrere Outputs ermöglicht wird". Ref. 2.5.1 C. Falsch. „Warranty" ist eine „Zusicherung, dass ein Produkt oder Service den vereinbarten Anforderungen entspricht". Neue Funktionalitäten können sich auf die „Warranty" auswirken. Ref. 2.5.4 D. Richtig. Service Provider definieren Kombinationen von Waren, Zugriff auf Ressourcen und Serviceaktionen, um die Anforderungen unterschiedlicher Konsumentengruppen zu erfüllen. Diese Kombinationen werden als Serviceangebote bezeichnet. Ref. 2.3.2
40	B	1.1.c	A. Falsch. Ein Output ist „ein materieller oder immaterieller Liefergegenstand einer Aktivität". Ref. 2.5.1 B. Richtig. „Warranty" ist eine „Zusicherung, dass ein Produkt oder Service den vereinbarten Anforderungen entspricht". Ref. 2.5.4 C. Falsch. Ein Risiko ist „ein mögliches Event, das zu einem Schaden oder Verlust führen oder das Erreichen von Zielen erschweren könnte". Ref. 2.5.3 D. Falsch. „Utility" ist die Funktionalität, die von einem Produkt oder Service angeboten wird, um eine bestimmte Anforderung zu erfüllen. Ref. 2.5.4

Die ITIL® 4 Foundation-Prüfung

Musterprüfung 2

Fragenbroschüre

Multiple Choice

Prüfungsdauer: 1 Stunde

Anweisungen

1. Sie sollten versuchen, alle 40 Fragen zu beantworten. Jede Frage ist einen Punkt wert.

2. Pro Frage gibt es nur eine korrekte Antwort.

3. Sie müssen 26 Fragen richtig beantworten, um die Prüfung zu bestehen.

4. Markieren Sie Ihre Antworten auf dem bereitgestellten Blatt. Verwenden Sie einen Bleistift (KEINEN Kugelschreiber oder Füller).

5. Zur Beantwortung der Prüfungsfragen steht Ihnen 1 Stunde zur Verfügung.

6. Dies ist eine Closed Book-Prüfung. Bei dieser Prüfung sind keine Hilfsmittel außer dem Prüfungsbogen erlaubt.

© AXELOS Limited 2019.
AXELOS®, ITIL® und das Wirbellogo sind eingetragene Marken der AXELOS Limited.
Die Vervielfältigung dieses Materials bedarf der Gestattung durch die AXELOS Limited.
Alle Rechte vorbehalten.

Die ITIL® 4 Foundation-Prüfung

1) Welchen Effekt hat die zunehmende Automatisierung auf die „Service Desk Practice"?

   A. Die Möglichkeit, sich besser auf die Kundenerfahrung zu konzentrieren, wenn persönlicher Kontakt erforderlich ist
   B. Abnahme der Self-Service-Aktivitäten zur Incident-Erfassung und -Lösung
   C. Die Möglichkeit, sich besser auf die Behebung technischer Probleme zu konzentrieren, anstatt Personen weiterzuhelfen
   D. Incidents müssen nicht mehr an Support-Teams eskaliert werden

2) Welcher Begriff beschreibt die von einem Service angebotene Funktionalität?

   A. Kosten
   B. Utility
   C. Warranty
   D. Risiko

3) Was ist der Zweck der „Monitoring and Event Management Practice"?

   A. Sicherstellen, dass jederzeit und überall genaue und zuverlässige Informationen über die Konfiguration von Services verfügbar sind
   B. Systematisches Beobachten von Services und Servicekomponenten sowie Aufzeichnen und Erstellen von Berichten zu ausgewählten Statusänderungen
   C. Schützen der Informationen, die eine Organisation für ihre Geschäftätigkeit benötigt
   D. Minimieren der negativen Auswirkung von Incidents, indem der normale Servicebetrieb schnellstmöglich wiederhergestellt wird

4) Worauf sollten alle Entscheidungen im Rahmen des „Continual Improvement" basieren?

   A. Auf Details der Art und Weise, wie Services gemessen werden
   B. Auf genauen und sorgfältig analysierten Daten
   C. Auf einer aktuellen Balanced Scorecard
   D. Auf einer aktuellen Reifegradbewertung

Die ITIL® 4 Foundation-Prüfung

5) Wie wandeln alle Wertschöpfungskettenaktivitäten Inputs in Outputs um?

   A. Durch die Ermittlung der Servicenachfrage
   B. Durch die Verwendung einer Kombination von Practices
   C. Durch die Verwendung eines einzelnen Funktionsteams
   D. Durch die Implementierung von Prozessautomatisierung

6) Wie trägt das Engagement der Kunden zur „Service Level Management Practice" bei?

   1. Es erfasst Informationen, auf denen Messgrößen basieren können
   2. Es stellt sicher, dass die Organisation definierte Service Levels erfüllt
   3. Es definiert die Workflows für Service Requests (Serviceanfragen)
   4. Es unterstützt Gespräche über den Fortschritt

   A. 1 und 2
   B. 2 und 3
   C. 3 und 4
   D. 1 und 4

7. Was ist der Ausgangspunkt für Optimierung?

   A. Die Sicherung des Engagements der Stakeholder
   B. Das Verständnis der Vision und Ziele der Organisation
   C. Die Ermittlung der Elemente, bei denen die positiven Auswirkungen am größten sind
   D. Die Standardisierung von Practices und Services

8) Identifizieren Sie die fehlenden Wörter im folgenden Satz.

   Der Zweck des/der [?] ist sicherzustellen, dass die Organisation mit allen Stakeholdern entsprechend den Zielen der Organisation fortlaufend gemeinsamen Mehrwert schafft.

   A. Grundprinzips „Wertorientierung"
   B. vier Dimensionen des Service Management
   C. Servicewertsystems
   D. Service Request Management Practice

9) Welche Practice bietet Unterstützung für das Managen von Feedback, Lob und Beschwerden von Anwendern?

   A. Change Control
   B. Service Request Management
   C. Problem Management
   D. Incident Management

10) Welche gemeinsame Aktivität, die von einem Service Provider und einem Servicekonsumenten durchgeführt wird, stellt eine kontinuierliche gemeinsame Schaffung von Mehrwert sicher?

   A. Servicebereitstellung
   B. Servicekonsum
   C. Serviceangebot
   D. Service Relationship Management

11) Welche Practice kann die Initiierung einer Notfallwiederherstellung umfassen?

   A. Incident Management
   B. Service Request Management
   C. Service Level Management
   D. IT Asset Management

12) Welche Art von Change wird am EHESTEN durch die „Service Request Management Practice" gemanagt?

   A. Ein normaler Change
   B. Ein Notfall-Change
   C. Ein Standard-Change
   D. Ein Anwendungs-Change

13) Welches Grundprinzip betont, wie wichtig es ist, den Ablauf von Work in Progress zu verstehen, Engpässe zu identifizieren und Verschwendung aufzudecken?

   A. Wertorientierung
   B. Zusammenarbeiten und Transparenz fördern
   C. Ganzheitlich denken und arbeiten
   D. Auf Einfachheit und Praktikabilität achten

14) Was stellt eine Möglichkeit dar, gemeinsamen Mehrwert zu schaffen, indem das Erreichen der von Kunden angestrebten Ergebnisse erleichtert wird?

   A. Ein Service
   B. Ein Output
   C. Eine Practice
   D. Continual Improvement

15) Welche Aussage über Change-Autorisierung ist RICHTIG?

   A. Eine Change-Autorität sollte jeder Art von Change und Change-Modell zugewiesen werden
   B. Die Zentralisierung der Change-Autorisierung bei einer einzelnen Person stellt die effektivste Art der Autorisierung dar
   C. Die Autorisierung normaler Changes sollte beschleunigt werden, damit sie schnell implementiert werden können
   D. Standard-Changes sind mit hohen Risiken verbunden und sollten von der höchsten Change-Autoritätsebene autorisiert werden

16) Welche Dimension des Service Management bezieht sich auf Governance, Management und Kommunikation?

   A. Organisationen und Menschen
   B. Informationen und Technologie
   C. Partner und Lieferanten
   D. Wertströme und Prozesse

17) Identifizieren Sie das fehlende Wort im folgenden Satz.

Ein Known Error ist ein Problem, das [?] und nicht gelöst wurde.

A. erfasst
B. analysiert
C. eskaliert
D. geschlossen

18) Welche Aussage über Known Errors und Probleme ist RICHTIG?

A. Known Error ist der Status, der einem Problem zugewiesen wird, nachdem es analysiert wurde
B. Ein Known Error ist der Grund für ein oder mehrere Probleme
C. Known Errors verursachen Schwachstellen, Probleme verursachen Incidents
D. Known Errors werden von technischen Mitarbeitern gemanagt, Probleme werden von Mitarbeitern im Service Management gemanagt

19) Wovon hängt die maximale Effizienz der „Service Request Management Practice" ab?

A. Lob und Beschwerden
B. Self-Service-Tools
C. Prozesse und Verfahren
D. Incident Management

20) Welche Aussage über die „Service Desk Practice" ist RICHTIG?

A. Sie ermöglicht Beziehungen mit Stakeholdern auf strategischer und taktischer Ebene
B. Sie führt die Change-Bewertung und -Autorisierung durch
C. Sie untersucht die Ursache von Incidents
D. Sie erfordert ein praktisches Verständnis der Geschäftsprozesse

Die ITIL® 4 Foundation-Prüfung

21) Welche Practice stellt sicher, dass genaue und zuverlässige Informationen über Configuration Items (CI) und die Beziehungen zwischen diesen verfügbar sind?

   A. Service Configuration Management
   B. Service Desk
   C. IT Asset Management
   D. Monitoring and Event Management

22) Welche Practice hat einen Zweck, der die schnellstmögliche Wiederherstellung des normalen Servicebetriebs umfasst?

   A. Supplier Management
   B. Deployment Management
   C. Problem Management
   D. Incident Management

23) Identifizieren Sie das fehlende Wort im folgenden Satz.

   Eine Kunde ist eine Person, die die Anforderungen an einen Service definiert und die Verantwortung für die [?] des Servicekonsums übernimmt.

   A. Outputs
   B. Ergebnisse
   C. Kosten
   D. Risiken

24) Welches Grundprinzip besagt, dass es wichtig ist, etwas zu tun, anstatt viel Zeit auf die Analyse unterschiedlicher Optionen zu verwenden?

   A. Optimieren und automatisieren
   B. Dort beginnen, wo man steht
   C. Wertorientierung
   D. Iterative Weiterentwicklung mit Feedback

25) Was sollte bei jedem Problem getan werden?

   A. Es sollte diagnostiziert werden, um mögliche Lösungen zu identifizieren
   B. Es sollte anhand der möglichen Auswirkungen und Wahrscheinlichkeit priorisiert werden
   C. Es sollte gelöst werden, damit es geschlossen werden kann
   D. Es sollte dafür einen Workaround (Umgehungslösung) geben, um die Auswirkungen zu reduzieren

26) Wie sollte eine Organisation Drittanbieter in die ständige Verbesserung von Services einbeziehen?

   A. Sicherstellen, dass Lieferanten Details zu ihrem Ansatz für die Verbesserung von Services in Verträge aufnehmen
   B. Nachweise anfordern, dass der Lieferant Methoden der agilen Entwicklung verwendet
   C. Nachweise anfordern, dass der Lieferant alle Verbesserungen mithilfe von Project Management Practices implementiert
   D. Sicherstellen, dass alle Problemmanagementaktivitäten des Lieferanten zu Verbesserungen führen

27) Welche Überlegungen beeinflussen die Lieferantenstrategie einer Organisation?

   A. Verträge und Vereinbarungen
   B. Art der Zusammenarbeit mit Lieferanten
   C. Unternehmenskultur der Organisation
   D. Grad der Formalität

28) Was ist ein Problem?

   A. Eine Hinzufügung oder Modifikation, die einen Effekt auf Services haben könnte
   B. Jede Statusänderung, die für das Management eines Configuration Item (CI) von Bedeutung ist
   C. Eine Ursache oder mögliche Ursache für einen oder mehrere Incidents
   D. Eine nicht geplante Qualitätsminderung eines Service

29) Welchen Zweck verfolgt die „Relationship Management Practice"?

A. Anpassen der Practices und Services der Organisation an sich ändernde Geschäftsanforderungen
B. Aufbauen und Pflegen der Verbindungen zwischen der Organisation und ihren Stakeholdern auf strategischer und taktischer Ebene
C. Reduzieren der Wahrscheinlichkeit und der Auswirkung von Incidents durch die Identifizierung tatsächlicher und potenzieller Ursachen von Incidents und das Management von Workarounds und Known Errors
D. Minimieren der negativen Auswirkung von Incidents, indem der normale Servicebetrieb schnellstmöglich wiederhergestellt wird

30) Was soll eine Organisation bei der Einführung und Anpassung von ITIL-Leitlinien unterstützen?

A. Die vier Dimensionen des Service Management
B. Die Grundprinzipien
C. Die Service-Wertschöpfungskette
D. Practices

31) Was ist ein Output?

A. Eine Statusänderung, die für das Management eines Configuration Item (CI) von Bedeutung ist
B. Ein mögliches Event, das zu einem Schaden oder Verlust führen könnte
C. Ein Resultat für einen Stakeholder
D. Etwas, das durch die Ausführung einer Aktivität geschaffen wird

32) Was ist der Grund für die Verwendung eines ausgeglichenen Satzes von Servicemessgrößen?

A. Die Anzahl der Messgrößen, die gesammelt werden müssen, wird verringert
B. Für jedes Serviceelement wird ein separater Bericht erstellt
C. Es führt zu einer ergebnisbasierten Ansicht von Services
D. Es erleichtert die automatische Sammlung von Messgrößen

33) Warum sollten Incidents priorisiert werden?

   A. Um einen automatischen Abgleich von Incidents mit Problemen oder Known Errors zu erleichtern
   B. Um zu ermitteln, an welches Support-Team der Incident eskaliert werden sollte
   C. Um sicherzustellen, dass Incidents mit den größten geschäftlichen Auswirkungen zuerst gelöst werden
   D. Um eine umfassende Zusammenarbeit innerhalb und zwischen Teams zu fördern

34) Welche Practice verfolgt einen Zweck, der die Unterstützung der Organisation bei der Maximierung des Mehrwerts, der Kontrolle der Kosten und dem Management von Risiken umfasst?

   A. Relationship Management
   B. IT Asset Management
   C. Release Management
   D. Service Desk

35) Warum sollten Service-Desk-Mitarbeiter wiederkehrende Schwierigkeiten aufdecken?

   A. Um das Identifizieren von Problemen zu erleichtern
   B. Um Incidents an das richtige Support-Team zu eskalieren
   C. Um eine effektive Bearbeitung von Service Requests (Serviceanfrage) sicherzustellen
   D. Um die richtige Change-Autorität einzubinden

36) Welche Wertschöpfungskettenaktivität kommuniziert den aktuellen Status aller vier Dimensionen des Service Management?

   A. Verbesserung
   B. Engagement
   C. Erhalten/Erstellen
   D. Planung

37) Welches Grundprinzip beschäftigt sich HAUPTSÄCHLICH mit dem Umsatz und dem Wachstum des Konsumenten?

   A. Auf Einfachheit und Praktikabilität achten
   B. Optimieren und automatisieren
   C. Iterative Weiterentwicklung mit Feedback
   D. Wertorientierung

38) Welche Practice ermöglicht die Transparenz der Services der Organisation, indem sie die Performance des Service erfasst und entsprechende Berichte erstellt?

   A. Service Desk
   B. Service Level Management
   C. Service Request Management
   D. Service Configuration Management

39) Was ist das BESTE Beispiel für einen Notfall-Change?

   A. Die Implementierung eines geplanten neuen Release einer Softwareanwendung
   B. Ein mit geringen Risiken verbundenes Computerupgrade, das als Service Request implementiert wird
   C. Die Implementierung eines Sicherheits-Patches in einer kritischen Softwareanwendung
   D. Eine geplante umfassende Hardware- und Softwareimplementierung

40) Welches Grundprinzip empfiehlt, den aktuellen Status zu bewerten und zu entscheiden, was wiederverwendet werden kann?

   A. Wertorientierung
   B. Dort beginnen, wo man steht
   C. Zusammenarbeiten und Transparenz fördern
   D. Iterative Weiterentwicklung mit Feedback

Die ITIL® 4 Foundation-Prüfung

Musterprüfung 2

Antworten und Erläuterungen

Die ITIL® 4 Foundation-Prüfung

Für die Prüfung: DE_ITIL4_FND_2019_SamplePaper2_QuestionBk_v1.0.1

F	A	Syllabus-Referenz	Erläuterung
1	A	7.1.f	A. Richtig. „Mit zunehmender Automatisierung ... Die Auswirkung auf Service Desks ist weniger Telefonkontakt, weniger Routineaufgaben und die Möglichkeit, sich besser auf eine herausragende Kundenerfahrung zu konzentrieren, wenn persönlicher Kontakt erforderlich ist." Ref. 5.2.14 B. Falsch. Der Effekt von Automatisierung ist eine Zunahme von Self-Service-Aktivitäten, nicht deren Abnahme. „Angesichts zunehmender Automatisierung, KI, Prozessautomatisierung durch Roboter und Chatbots bieten Service Desks immer mehr Self-Service-Funktionen für die direkte Erfassung und Lösung über Onlineportale und mobile Anwendungen." Ref. 5.2.14 C. Falsch. Das Gegenteil ist wahr. „Mit zunehmender Automatisierung und der allmählichen Ausräumung technischer Schulden liegt der Fokus des Service Desk darauf, Support für „Menschen und das Unternehmen" zu bieten, anstatt einfach für technische Schwierigkeiten." Ref. 5.2.14 D. Falsch. Der Einsatz von Automatisierung macht das Eskalieren von Incidents nicht überflüssig. „Ein wichtiger Punkt, den es zu verstehen gilt, ist, dass es immer Schwierigkeiten geben wird, die eskaliert werden müssen und die Unterstützung anderer Teams erfordern, ganz gleich, wie effizient der Service Desk und die entsprechenden Mitarbeiter arbeiten." Ref. 5.2.14
2	B	1.2.g	A. Falsch. „Kosten" sind „der Geldbetrag, der für eine bestimmte Aktivität oder Ressource ausgegeben wurde". Ref. 2.5.2 B. Richtig. „Utility" ist „die Funktionalität, die von einem Produkt oder Service angeboten wird". Ref. 2.5.4 C. Falsch. „Warranty" ist eine „Zusicherung, dass ein Produkt oder Service den vereinbarten Anforderungen entspricht". Ref. 2.5.4 D. Falsch. Ein Risiko ist „ein mögliches Event, das zu einem Schaden oder Verlust führen oder das Erreichen von Zielen erschweren könnte". Ref. 2.5.3

Die ITIL® 4 Foundation-Prüfung

F	A	Syllabus-Referenz	Erläuterung
3	B	6.1.e	A. Falsch. „Der Zweck der Service Configuration Management Practice ist sicherzustellen, dass jederzeit und überall genaue und zuverlässige Informationen über die Konfiguration von Services und die unterstützenden CIs verfügbar sind." Ref. 5.2.11 B. Richtig. „Der Zweck der Monitoring and Event Management Practice ist das systematische Beobachten von Services und Servicekomponenten sowie das Aufzeichnen und Erstellen von Berichten zu ausgewählten Statusänderungen, die als Events identifiziert wurden." Ref. 5.2.7 C. Falsch. „Der Zweck der Information Security Management Practice ist das Schützen der Informationen, die eine Organisation für ihre Geschäftstätigkeit benötigt." Ref. 5.1.3 D. Falsch. „Der Zweck der Incident Management Practice ist das Minimieren der negativen Auswirkung von Incidents, indem der normale Servicebetrieb schnellstmöglich wiederhergestellt wird." Ref. 5.2.5
4	B	7.1.a	A. Falsch. Wie Services gemessen werden ist wichtig, allerdings können nur genaue Daten faktenbasierte Verbesserungsentscheidungen unterstützen. Ref. 5.1.2 B. Richtig. „Genaue Daten, die sorgfältig analysiert und verstanden wurden, bilden die Grundlage für faktenbasierte Verbesserungsentscheidungen." Die Continual Improvement Practice sollte durch relevante Datenquellen und qualifizierte Datenanalysen unterstützt werden, damit jede mögliche Verbesserungssituation ausreichend verstanden wird. Ref. 5.1.2 C. Falsch. Eine Balanced Scorecard stellt einen Input dar, um eine Entscheidung zu treffen, dient aber allein nicht als Grundlage für faktenbasierte Entscheidungen. Ref. 5.1.2 D. Falsch. Reifegradbewertungen sind nützlich, liefern aber nur einen Teil der Informationen und nicht die Grundlage für Entscheidungen in der Continual Improvement Practice. Ref. 5.1.2

F	A	Syllabus-Referenz	Erläuterung
5	B	5.1	A. Falsch. Nachfrage ist der Input für die Service-Wertschöpfungskette. Wertschöpfungskettenaktivitäten „stellen die Schritte dar, die eine Organisation bei der Wertschöpfung ausführt. Jede Aktivität trägt zur Wertschöpfungskette bei, indem sie bestimmte Inputs in Outputs umwandelt." Ref. 4.5 B. Richtig. „Um Inputs in Outputs umzuwandeln, verwenden die Wertschöpfungskettenaktivitäten verschiedene Kombinationen von ITIL Practices." Ref. 4.5 C. Falsch. Sie verwenden bei Bedarf verschiedene Ressourcen aus verschiedenen Practices. „Um Inputs in Outputs umzuwandeln, verwenden die Wertschöpfungskettenaktivitäten verschiedene Kombinationen von ITIL Practices (Sätze von Ressourcen zur Durchführung bestimmter Arten von Aufgaben), wobei nach Bedarf interne oder externe Ressourcen, Prozesse, Fähigkeiten und Kompetenzen genutzt werden." Ref. 4.5 D. Falsch. Das Grundprinzip „Optimieren und automatisieren" empfiehlt, Aktivitäten in Fällen, in denen dies sinnvoll ist, zu automatisieren, aber die Service-Wertschöpfungskette erfordert keine Automatisierung. „Beteiligte sollten sich niemals auf Technologien verlassen, ohne die Fähigkeit zu menschlichem Eingreifen zu haben, da eine Automatisierung um ihrer selbst willen Kosten steigern und die Stabilität und Widerstandskraft der Organisation verringern kann." Ref. 4.3.7
6	D	7.1.g	D. Richtig. (1) (4) „Engagement der Kunden: Dies umfasst anfängliches Zuhören, Erkennen und die Erfassung von Informationen, welche die Grundlage für Messgrößen, Messungen und laufende Fortschrittsgespräche bilden." Ref. 5.2.15 A, B, C. Falsch. (2) Service Level Management „stellt durch die Sammlung, Analyse, Speicherung und Erstellung von Berichten zu den relevanten Messgrößen für die identifizierten Services sicher, dass die Organisation die definierten Service Levels erfüllt", nicht nur durch Engagement der Kunden. Ref. 5.2.15 (3) Es kann die Anforderungen für Service Requests (Serviceanfragen) definieren, aber das Definieren des Workflows ist Teil des „Service Request Management". „Wenn neue Service Requests (Serviceanfragen) zum Servicekatalog hinzugefügt werden müssen, sollten möglichst bestehende Workflow-Modelle genutzt werden." Ref. 5.2.16

Die ITIL® 4 Foundation-Prüfung

F	A	Syllabus-Referenz	Erläuterung
7	B	2.2.g	A. Falsch. Dies ist Schritt 4 des Prinzips „Optimieren und Automatisieren": „Sicherstellen, dass für die Optimierung ein angemessenes Maß an Engagement und Unterstützung der Stakeholder vorhanden ist." Ref. 4.3.7.1 B. Richtig. Der erste Schritt des Prinzips „Optimieren und Automatisieren" ist: „Verstehen und Vereinbaren des Kontexts, in dem die vorgeschlagene Optimierung existiert. Dies schließt eine Abstimmung hinsichtlich der allgemeinen Vision und Ziele der Organisation ein." Ref. 4.3.7.1 C. Falsch. Dies ist Schritt 2 des Prinzips „Optimieren und Automatisieren": „Bewerten des aktuellen Status der vorgeschlagenen Optimierung. Dies erleichtert es zu verstehen, wo sie verbessert werden kann und welche Verbesserungsmöglichkeiten vermutlich die größten positiven Auswirkungen haben." Ref. 4.3.7.1 D. Falsch. Dies ist Schritt 3 des Prinzips „Optimieren und Automatisieren": „Vereinbaren, was der zukünftige Status und die Prioritäten der Organisation sein sollten, wobei der Fokus auf Vereinfachung und Mehrwert liegt. Dies umfasst i. d. R. die Standardisierung von Practices und Services, was eine weitere Automatisierung und Optimierung zu einem späteren Zeitpunkt einfacher macht." Ref. 4.3.7.1
8	C	4.1	A. Falsch. Das Grundprinzip „Wertorientierung" leitet eine Organisation dabei an, die Anforderungen des Servicekonsumenten zu berücksichtigen. Es kann nicht sicherstellen, dass die Organisation mit allen Stakeholdern kontinuierlich gemeinsamen Mehrwert schafft. Ref. 4.3.1 B. Falsch. Die vier Dimensionen „stellen Perspektiven dar, die für das gesamte SVS relevant sind, einschließlich der gesamten Service-Wertschöpfungskette und aller ITIL Practices." Sie stellen nicht sicher, dass die Organisation mit allen Stakeholdern kontinuierlich gemeinsamen Mehrwert schafft. Ref. 3 C. Richtig. „Der Zweck der SVS ist sicherzustellen, dass die Organisation mit allen Stakeholdern durch die Verwendung und das Management von Produkten und Services fortlaufend gemeinsamen Mehrwert schafft." Ref. 4.1 D. Falsch. Der Zweck der Service Request Management Practice ist das „Unterstützen der vereinbarten Qualität eines Service, indem alle vordefinierten, vom Anwender initiierten Service Requests (Serviceanfragen) effektiv und benutzerfreundlich bearbeitet werden". Sie stellt nicht sicher, dass die Organisation mit allen Stakeholdern fortlaufend gemeinsamen Mehrwert schafft. Ref. 5.2.16

Die ITIL® 4 Foundation-Prüfung

F	A	Syllabus-Referenz	Erläuterung
9	B	7.1.e	A. Falsch. „Der Zweck der Change Control Practice ist die Maximierung der Anzahl erfolgreicher Service- und Produktänderungen durch das Sicherstellen, dass Risiken richtig bewertet wurden, die Genehmigung von Changes und die Verwaltung des Change-Kalenders." Ref. 5.2.4 B. Richtig. „Der Zweck der Service Request Management Practice ist das Unterstützen der vereinbarten Qualität eines Service, indem alle vordefinierten, vom Anwender initiierten Service Requests effektiv und benutzerfreundlich bearbeitet werden" und „Jeder Service Request kann eines oder mehrere der folgenden Elemente enthalten: ... Feedback, Lob und Beschwerden (z. B. Beschwerden über eine neue Oberfläche oder Lob für ein Support-Team)." Ref. 5.2.16 C. Falsch. „Der Zweck der Problem Management Practice ist das Reduzieren der Wahrscheinlichkeit und der Auswirkung von Incidents durch die Identifizierung tatsächlicher und potenzieller Ursachen von Incidents und das Management von Workarounds und Known Errors." Ref. 5.2.8 D. Falsch. „Der Zweck der Incident Management Practice ist das Minimieren der negativen Auswirkung von Incidents, indem der normale Servicebetrieb schnellstmöglich wiederhergestellt wird." Ref. 5.2.5
10	D	1.3.b	A. Falsch. Servicebereitstellung ist keine gemeinsame Aktivität; sie erfolgt durch den Service Provider. Ref. 2.4.1 B. Falsch. Servicekonsum ist keine gemeinsame Aktivität; er erfolgt durch einen Servicekonsumenten. Ref. 2.4.1 C. Falsch. Serviceangebot ist keine Aktivität; es ist „eine Beschreibung eines oder mehrerer Services, die auf die Bedürfnisse einer Zielkonsumentengruppe zugeschnitten sind. Ein Serviceangebot kann Waren, den Zugang zu Ressourcen und Serviceaktionen umfassen". Ref. 2.4.1 D. Richtig. Service Relationship Management ist „gemeinsame Aktivitäten, die von einem Service Provider und einem Servicekonsumenten durchgeführt werden, um eine kontinuierliche gemeinsame Wertschöpfung auf der Grundlage vereinbarter und verfügbarer Serviceangebote sicherzustellen". Ref. 2.4.1

Die ITIL® 4 Foundation-Prüfung

F	A	Syllabus-Referenz	Erläuterung
11	A	7.1.c	A. Richtig. „In gravierenden Fällen können zur Lösung eines Incident Notfallwiederherstellungspläne eingeleitet werden." Ref. 5.2.5 B. Falsch. „Service Requests (Serviceanfragen) stellen einen normalen Teil der Servicebereitstellung dar und bedeuten keinen Ausfall bzw. keine Minderung eines Service, die als Incidents behandelt werden." Ref. 5.2.16 C. Falsch. „Der Zweck der Service Level Management Practice ist das Festlegen klarer geschäftsbezogener Ziele für Service Levels und das Sicherstellen, dass die Erbringung eines Service anhand dieser Ziele angemessen bewertet, überwacht und gemanagt wird." Ref. 5.2.15 D. Falsch. „Der Zweck der IT Asset Management Practice ist das Planen und Managen des gesamten Lebenszyklus aller IT-Assets." Asset Management „umfasst den Erwerb, den Betrieb, die Pflege und die Entsorgung von Assets der Organisation." Ref. 5.2.6
12	C	7.1.e	A. Falsch. „Normale Changes: Dies sind Changes, die geplant, bewertet und autorisiert werden müssen." Dies wird durch die „Change Control Practice" unterstützt, nicht durch das „Service Request Management". Ref. 5.2.4 B. Falsch. „Notfall-Changes sollten so weit wie möglich den gleichen Tests, Bewertungen und Autorisierungen wie normale Changes unterzogen werden." Dies wird durch die „Change Control Practice" unterstützt, nicht durch das „Service Request Management". Ref. 5.2.4 C. Richtig. „Die Erfüllung von Service-Requests kann Changes an Services oder deren Komponenten umfassen; normalerweise handelt es sich dabei um Standard-Changes." Und „Standard-Changes: Dabei handelt es sich um Changes, die von geringem Risiko, vorab autorisiert, wohlverstanden und umfassend dokumentiert sind und implementiert werden können, ohne dass eine zusätzliche Autorisierung erforderlich ist. Sie werden oft als Service Requests (Serviceanfragen) eingeleitet." Ref. 5.2.16, 5.2.4 D. Falsch. „Der Umfang der Change Control wird von jeder Organisation definiert. Sie umfasst i. d. R. die gesamte IT-Infrastruktur, Anwendungen, Dokumentation und Prozesse." Einige Anwendungs-Changes können als Standard-Changes gemanagt werden, wohingegen andere normale oder Notfall-Changes sind und von der „Change Control Practice" unterstützt werden. Ref. 5.2.4

Die ITIL® 4 Foundation-Prüfung

F	A	Syllabus-Referenz	Erläuterung
13	B	2.2.d	A. Falsch. „Wertorientierung" besagt, dass alle Verbesserungsaktivitäten messbaren Mehrwert für Kunden und andere Stakeholder liefern sollten. Das Grundprinzip betont jedoch nicht ausdrücklich das Erfordernis, den Aufgabenablauf zu verstehen, Blockaden zu identifizieren und Verschwendung aufzudecken. Ref. 4.3.1 B. Richtig. „Zusammenarbeiten und Transparenz fördern" besagt, dass „eine unzureichende Transparenz von Aufgaben zu mangelhaften Entscheidungen führt, was es wiederum der Organisation erschwert, interne Fähigkeiten zu verbessern. Es wird dann schwierig, Verbesserungen zu fördern, da es nicht klar ist, welche wahrscheinlich die größten positiven Auswirkungen auf Ergebnisse haben. Um dies zu vermeiden, muss die Organisation kritische Analyseaktivitäten wie die folgenden durchführen: Verstehen des Ablaufs von Work in Progress; Identifizieren von Engpässen und überschüssiger Kapazität und Aufdecken von Verschwendung". Ref. 4.3.4.3 C. Falsch. „Ganzheitlich denken und arbeiten" besagt, dass die Organisation auf integrierte Weise am Ganzen, nicht nur an den Teilen arbeiten sollte. Das Grundprinzip betont jedoch nicht ausdrücklich das Erfordernis, den Aufgabenablauf zu verstehen, Engpässe zu identifizieren und Verschwendung aufzudecken. Ref. 4.3.5 D. Falsch. „Auf Einfachheit und Praktikabilität achten" besagt, dass die Organisation nur so viele Schritte wie nötig verwenden sollte und Schritte beseitigen sollte, die kein nützliches Ergebnis liefern. Dieses Grundprinzip beinhaltet, dass Verschwendung aufgedeckt werden sollte, aber es betont nicht ausdrücklich das Erfordernis, den Aufgabenablauf zu verstehen und Engpässe zu identifizieren. Ref. 4.3.6
14	A	1.1.a	A. Richtig. Ein Service ist „eine Möglichkeit, gemeinsamen Mehrwert zu schaffen, indem das Erreichen der von Kunden angestrebten Ergebnisse erleichtert wird, ohne dass der Kunde bestimmte Kosten und Risiken managen muss". Ref. 2.3.1 B. Falsch. Ein Output ist „ein materieller oder immaterieller Liefergegenstand einer Aktivität". Ref. 2.5.1 C. Falsch. Practices sind „eine Reihe von organisatorischen Ressourcen, die zur Durchführung von Aufgaben oder zur Erreichung eines Ziels bestimmt sind". Ref. 4.1 D. Falsch. „Continual Improvement" ist eine Practice „zur Anpassung der Practices und Services der Organisation an sich ändernde Geschäftsanforderungen". Ref. 5.1.2

Die ITIL® 4 Foundation-Prüfung

F	A	Syllabus-Referenz	Erläuterung
15	A	7.1.b	A. Richtig. „Es ist wichtig, dass jedem Typ von Change die richtige Change-Autorität zugewiesen ist, damit Change Control sowohl effizient als auch effektiv ist." Ref. 5.2.4 B. Falsch. Es gibt keine Regel, die besagt, dass eine Zentralisierung der Change-Autorität die effektivste Methode darstellt. In manchen Fällen ist eine Dezentralisierung von Entscheidungen besser: „In besonders dynamischen Organisationen ist es allgemein üblich, die Genehmigung von Changes zu dezentralisieren, wobei Peer-Review ein wichtiger Indikator für hohe Performance ist." Ref. 5.2.4 C. Falsch. Bei dieser Antwort werden normale Changes mit Notfall-Changes verwechselt. „Notfall-Changes sind normalerweise nicht in einem Change-Kalender enthalten und der Prozess zur Bewertung und Autorisierung wird beschleunigt, um sicherzustellen, dass sie schnell implementiert werden können." Ref. 5.2.4 D. Falsch. Standard-Changes sind normalerweise mit geringen Risiken verbunden und vorab autorisiert. „Dabei handelt es sich um Changes, die von geringem Risiko, vorab autorisiert, wohlverstanden und umfassend dokumentiert sind und implementiert werden können, ohne dass eine zusätzliche Autorisierung erforderlich ist." Ref. 5.2.4
16	A	3.1.a	A. Richtig. „Es ist wichtig sicherzustellen, dass die Struktur und das Management einer Organisation sowie deren Rollen, Verantwortlichkeiten und Kompetenz- und Kommunikationssysteme gut definiert sind und die Gesamtstrategie und das Betriebsmodell der Organisation unterstützen." Ref. 3.1 B. Falsch. Die Dimension „Informationen und Technologie" „umfasst die Informationen und Kenntnisse, die für das Management von Services erforderlich sind, sowie die erforderlichen Technologien. Sie schließt auch die Beziehungen zwischen verschiedenen Komponenten des SVS ein, wie die Inputs und Outputs von Aktivitäten und Practices." Ref. 3.2 C. Falsch. „Die Dimension „Partner und Lieferanten" umfasst die Beziehungen einer Organisation zu anderen Organisationen, die an Design, Entwicklung, Deployment, Bereitstellung, Support und/oder kontinuierlicher Verbesserung von Services beteiligt sind. Sie umfasst auch Verträge und andere Vereinbarungen zwischen der Organisation und ihren Partnern oder Lieferanten." Ref. 3.3 D. Falsch. Die Dimension „Wertströme und Prozesse" „befasst sich damit, wie die verschiedenen Teile der Organisation auf integrierte und koordinierte Weise zusammenarbeiten, um durch Produkte und Services Wertschöpfung zu ermöglichen." Ref. 3.4

Die ITIL® 4 Foundation-Prüfung

F	A	Syllabus-Referenz	Erläuterung
17	B	6.2.g	A. Falsch. Ein Known Error ist „ein Problem, das analysiert, aber nicht gelöst wurde". Wenn ein Problem erfasst, aber nicht analysiert wurde, würde es nicht als Known Error gelten. Ref. 5.2.8 B. Richtig. Ein Known Error ist „ein Problem, das analysiert, aber nicht gelöst wurde". Ref. 5.2.8 C. Falsch. Ein Known Error ist „ein Problem, das analysiert, aber nicht gelöst wurde" – es muss nicht unbedingt eskaliert werden. Ref. 5.2.8 D. Falsch. Ein Known Error ist „ein Problem, das analysiert, aber nicht gelöst wurde". Wenn ein Problem geschlossen wurde, würde es nicht als Known Error gelten. Ref. 5.2.8
18	A	7.1.d	A. Richtig. Known Errors „sind Probleme, bei denen die anfängliche Analyse abgeschlossen wurde; das bedeutet normalerweise, dass fehlerhafte Komponenten identifiziert wurden ... Das Problem verbleibt im Status „Known Error" und der dokumentierte Workaround (Umgehungslösung) wird angewendet". Ref. 5.2.8 B. Falsch. Ein Problem ist „eine Ursache oder mögliche Ursache für einen oder mehrere Incidents". Ein Known Error ist „ein Problem, das analysiert, aber nicht gelöst wurde". Known Errors verursachen keine Probleme; sie sind Probleme, die analysiert, aber noch nicht gelöst wurden. Ref. 5.2.8 C. Falsch. Sowohl Known Errors als auch Probleme verursachen Incidents. Ein Problem ist „eine Ursache oder mögliche Ursache für einen oder mehrere Incidents". Ein Known Error ist „ein Problem, das analysiert, aber nicht gelöst wurde". Sowohl Probleme als auch Known Errors können Schwachstellen sein: „Jeder Service weist Fehler, Mängel oder Schwachstellen auf, die Incidents verursachen können". Ref. 5.2.8 D. Falsch. „Viele Problemmanagementaktivitäten basieren auf dem Wissen und den Erfahrungen von Mitarbeitern anstatt auf der Befolgung detaillierter Verfahren. Für die Diagnose von Problemen verantwortliche Personen benötigen häufig die Fähigkeit, komplexe Systeme zu verstehen und zu erkennen, wie verschiedene Ausfälle möglicherweise auftreten sind. Um diese Kombination aus analytischer und kreativer Kompetenz zu entwickeln, sind Mentoring und Zeit sowie geeignete Schulungen erforderlich." Diese Personen können im Bereich Technik oder Service Management zu finden sein. Ref. 5.2.8

Die ITIL® 4 Foundation-Prüfung

F	A	Syllabus-Referenz	Erläuterung
19	C	7.1.e	A. Falsch. Lob und Beschwerden sind Beispiele für Service Requests (Serviceanfragen). Die Effizienz der Practice hängt nicht davon ab. Ref. 5.2.16 B. Falsch. Viele Service Requests (Serviceanfragen) werden mithilfe von Self-Service-Tools eingeleitet und erfüllt, aber nicht alle sind für diesen Ansatz geeignet. Ref. 5.2.16 C. Richtig. „Service Request Management ist auf gut gestaltete Prozesse und Verfahren angewiesen, die durch Verfolgungs- und Automatisierungstools operationalisiert werden, um die Effizienz der Practice zu maximieren." Ref. 5.2.16 D. Falsch. „Service Requests (Serviceanfragen) stellen einen normalen Teil der Servicebereitstellung dar und bedeuten keinen Ausfall bzw. keine Minderung eines Service, die als Incidents behandelt werden." Ref. 5.2.16
20	D	7.1.f	A. Falsch. Dies ist ein Zweck des „Relationship Management": „Aufbauen und Pflegen der Verbindungen zwischen der Organisation und ihren Stakeholdern auf strategischer und taktischer Ebene." Ref. 5.1.9 B. Falsch. „Service Desks bieten Anwendern einen klaren Weg, um Schwierigkeiten, Fragen und Anfragen zu melden und diese erfassen, klassifizieren, zuweisen und beantworten zu lassen." Die Bewertung und Autorisierung von Changes ist nicht eingeschlossen. Dies wird durch die „Change Control Practice" unterstützt. Ref. 5.2.14 C. Falsch. Die Untersuchung der Ursache von Incidents ist ein Zweck des „Problem Management". „Der Zweck der Problem Management Practice ist das Reduzieren der Wahrscheinlichkeit und der Auswirkung von Incidents durch die Identifizierung tatsächlicher und potenzieller Ursachen von Incidents." Ref. 5.2.8 D. Richtig. „Ein weiterer zentraler Aspekt eines guten Service Desk ist dessen praktisches Verständnis der Organisation als Ganzes, der Geschäftsprozesse und der Anwender." Ref. 5.2.14

Die ITIL® 4 Foundation-Prüfung

F	A	Syllabus-Referenz	Erläuterung
21	A	6.1.g	A. Richtig. „Der Zweck der Service Configuration Management Practice ist sicherzustellen, dass jederzeit und überall genaue und zuverlässige Informationen über die Konfiguration von Services und die unterstützenden CIs verfügbar sind. Dies schließt Informationen dazu ein, wie CIs konfiguriert sind, und über die Beziehungen zwischen diesen." Ref. 5.2.11 B. Falsch. „Der Zweck der Service Desk Practice ist das Erfassen der Nachfrage nach der Lösung von Incidents und Service Requests (Serviceanfragen)." Ref. 5.2.14 C. Falsch. „Der Zweck der IT Asset Management Practice ist das Planen und Managen des gesamten Lebenszyklus aller IT-Assets, um der Organisation Folgendes zu erleichtern: Mehrwert maximieren, Kosten kontrollieren, Risiken managen, Entscheidungen über Erwerb, Wiederverwendung und Entsorgung von Assets unterstützen." Ref. 5.2.6 D. Falsch. „Der Zweck der Monitoring and Event Management Practice ist das systematische Beobachten von Services und Servicekomponenten sowie das Aufzeichnen und Erstellen von Berichten zu ausgewählten Statusänderungen, die als Events identifiziert wurden." Ref. 5.2.7
22	D	6.1.k	A. Falsch. „Der Zweck der Supplier Management Practice ist sicherzustellen, dass die Lieferanten einer Organisation und ihre Leistung angemessen gemanagt werden, um die nahtlose Bereitstellung von Qualitätsprodukten und -services zu unterstützen." Ref. 5.1.13 B. Falsch. „Der Zweck der Deployment Management Practice ist das Bereitstellen neuer oder geänderter Hardware, Software, Dokumentation, Prozesse oder anderer Komponenten in Live-Umgebungen. Sie kann auch an der Bereitstellung von Komponenten in anderen Umgebungen zu Test- oder Staging-Zwecken beteiligt sein." Ref. 5.3.1 C. Falsch. „Der Zweck der Problem Management Practice ist das Reduzieren der Wahrscheinlichkeit und der Auswirkung von Incidents durch die Identifizierung tatsächlicher und potenzieller Ursachen von Incidents und das Management von Workarounds und Known Errors." Ref. 5.2.8 D. Richtig. „Der Zweck der Incident Management Practice ist das Minimieren der negativen Auswirkung von Incidents, indem der normale Servicebetrieb schnellstmöglich wiederhergestellt wird." Ref. 5.2.5

Die ITIL® 4 Foundation-Prüfung

F	A	Syllabus-Referenz	Erläuterung
23	B	1.1.d	A. Falsch. „Kunde: eine Person, die die Anforderungen an einen Service definiert und die Verantwortung für die Ergebnisse des Servicekonsums übernimmt." Ref. 2.2.2 B. Richtig. „Kunde: eine Person, die die Anforderungen an einen Service definiert und die Verantwortung für die Ergebnisse des Servicekonsums übernimmt." Ref. 2.2.2 C. Falsch. „Kunde: eine Person, die die Anforderungen an einen Service definiert und die Verantwortung für die Ergebnisse des Servicekonsums übernimmt." Ref. 2.2.2 D. Falsch. „Kunde: eine Person, die die Anforderungen an einen Service definiert und die Verantwortung für die Ergebnisse des Servicekonsums übernimmt." Ref. 2.2.2
24	D	2.2.c	A. Falsch. „Optimieren und automatisieren" besagt, dass etwas verstanden und optimiert werden sollte, bevor es automatisiert wird. „Der Versuch, etwas zu automatisieren, das komplex oder suboptimal ist, führt wahrscheinlich nicht zum gewünschten Ergebnis." Ref. 4.3.7.3 B. Falsch. „Dort beginnen, wo man steht" besagt, dass ein Verständnis der aktuellen Situation erforderlich ist, bevor Changes vorgenommen werden. „Bereits vorhandene Services und Methoden sollten direkt gemessen und/oder beobachtet werden, um deren aktuellen Zustand und zur erneuten Verwendung geeignete Komponenten richtig zu verstehen. Entscheidungen über die weitere Vorgehensweise sollten auf möglichst genauen Informationen basieren." Ref. 4.3.2.1 C. Falsch. „Wertorientierung" besagt, dass jeder Verbesserungsdurchlauf für alle Stakeholder Mehrwert liefern sollte. „Alle Aktivitäten, die von der Organisation durchgeführt werden, sollten direkt oder indirekt mit Mehrwert für sie selbst, ihre Kunden und andere Stakeholder verknüpft sein." Ref. 4.3.1 D. Richtig. „Iterative Weiterentwicklung mit Feedback" empfiehlt, „das Ganze zu verstehen, aber etwas zu tun: Manchmal stellt der Wunsch, alles zu verstehen und zu berücksichtigen, das größte Hindernis für iterative Weiterentwicklung dar. Dies kann dazu führen, was manchmal als „Paralyse durch Analyse" bezeichnet wird. Es bedeutet, dass so viel Zeit auf die Analyse der Situation verwendet wird, dass keine Maßnahmen zur Lösung ergriffen werden." Ref. 4.3.3.3

Die ITIL® 4 Foundation-Prüfung

F	A	Syllabus-Referenz	Erläuterung
25	B	7.1.d	A. Falsch. „Es ist nicht erforderlich, jedes Problem zu analysieren; es ist wichtiger, deutlichen Fortschritt bei den Problemen der höchsten Priorität zu machen, als jedes geringfügige Problem zu untersuchen, dass der Organisation bekannt ist." Ref. 5.2.8 B. Richtig. „Probleme werden für die Analyse auf Basis des Risikos priorisiert, das sie darstellen, und werden auf Basis der möglichen Auswirkungen und Wahrscheinlichkeit als Risiken gemanagt." Ref. 5.2.8 C. Falsch. "Fehlersteuerung umfasst auch die Identifizierung möglicher dauerhafter Lösungen, die zu einem Change Request für die Implementierung einer Lösung führen können – aber nur, wenn dieser im Hinblick auf die Kosten, Risiken und Vorteile gerechtfertigt ist." Ref. 5.2.8 D. Falsch. „Wenn ein Problem nicht schnell gelöst werden kann, ist es oft hilfreich, auf Basis eines Verständnisses des Problems einen Workaround (Umgehungslösung) für künftige Incidents zu finden und zu dokumentieren." Ref. 5.2.8
26	A	7.1.a	A. Richtig „Beim Abschluss eines Servicevertrags mit einem Lieferanten sollte der Vertrag Details dazu enthalten, wie der Lieferant die Services während der Vertragsdauer misst, entsprechende Berichte erstellt und die Services verbessert." Ref. 5.1.2 B. Falsch. Agile Methoden verwenden einen inkrementellen Ansatz, da sie „sich auf die inkrementelle Implementierung von Verbesserungen in einem bestimmten Intervall konzentrieren"; dies allein würde allerdings nicht garantieren, dass sich ein Lieferant zu ständiger Verbesserung verpflichtet. Ref. 5.1.2 C. Falsch. Viele Verbesserungsinitiativen verwenden Project Management Practices, aber für manche sind diese möglicherweise nicht geeignet. „Viele Verbesserungsinitiativen verwenden Project Management Practices, um deren Ausführung zu organisieren und zu managen", aber nicht alle. Ref. 5.1.2 D. Falsch. Viele Problemmanagementaktivitäten führen zu Verbesserungen, aber nicht alle Lieferantenprobleme führen zu Verbesserungen. Somit ist dies kein sinnvoller Ansatz. „Es ist nicht erforderlich, jedes Problem zu analysieren; es ist wichtiger, deutlichen Fortschritt bei den Problemen der höchsten Priorität zu machen, als jedes geringfügige Problem zu untersuchen, dass der Organisation bekannt ist." Ref. 5.2.8

Die ITIL® 4 Foundation-Prüfung

F	A	Syllabus-Referenz	Erläuterung
27	C	3.1.c	A. Falsch. „Die Dimension „Partner und Lieferanten" umfasst die Beziehungen einer Organisation zu anderen Organisationen, die an Design, Entwicklung, Deployment, Bereitstellung, Support und/oder kontinuierlicher Verbesserung von Services beteiligt sind. Sie umfasst auch Verträge und andere Vereinbarungen zwischen der Organisation und ihren Partnern oder Lieferanten." Diese Überlegungen hängen eher von der Lieferantenstrategie ab, als dass sie diese beeinflussen. Ref. 3.3 B. Falsch. Die Art der Zusammenarbeit mit Lieferanten hängt von der Lieferantenstrategie ab. Sie beeinflusst diese nicht. Die Formen der Zusammenarbeit „sind nicht fest, sondern bilden ein Spektrum. Eine Organisation, die als ein Service Provider agiert, weist eine Position in diesem Spektrum auf, die je nach ihrer Strategie und ihren Zielen für Kundenbeziehungen variiert." Ref. 3.3 C. Richtig. „Unternehmenskultur: Manche Organisationen bevorzugen aus historischen Gründen einen bestimmten Ansatz. Langfristige kulturelle Prägungen sind ohne überzeugende Gründe schwer zu ändern." Ref. 3.3 D. Falsch. Der Grad der Formalität hängt von der Form der Zusammenarbeit ab, die ihrerseits von der Lieferantenstrategie abhängt. Die Formen der Zusammenarbeit „sind nicht fest, sondern bilden ein Spektrum. Eine Organisation, die als ein Service Provider agiert, weist eine Position in diesem Spektrum auf, die je nach ihrer Strategie und ihren Zielen für Kundenbeziehungen variiert." Ref. 3.3
28	C	6.2.f	A. Falsch. Ein Change ist „das Hinzufügen, Modifizieren oder Entfernen eines Elements, das direkte oder indirekte Auswirkungen auf Services haben könnte". Ref. 5.2.4 B. Falsch. Ein Event ist „jede Statusänderung, die für das Management eines Service oder eines anderen Configuration Item (CI) von Bedeutung ist. Events werden normalerweise durch Benachrichtigungen erkannt, die von einem IT Service, CI oder Monitoring-Tool erstellt werden." Ref. 5.2.7 C. Richtig. Ein Problem ist „eine Ursache oder mögliche Ursache für einen oder mehrere Incidents". Ref. 5.2.8 D. Falsch. Ein Incident ist „eine nicht geplante Unterbrechung eines Service oder eine Qualitätsminderung eines Service". Ref. 5.2.5

Die ITIL® 4 Foundation-Prüfung

F	A	Syllabus-Referenz	Erläuterung
29	B	6.1.b	A. Falsch. „Der Zweck der Continual Improvement Practice ist das Anpassen der Practices und Services der Organisation an sich ändernde Geschäftsanforderungen durch die ständige Verbesserung von Produkten, Services und Practices oder jeglicher Elemente, die am Management von Produkten und Services beteiligt sind." Ref. 5.1.2 B. Richtig. „Der Zweck der Relationship Management Practice ist das Aufbauen und Pflegen von Verbindungen zwischen der Organisation und ihren Stakeholdern auf strategischer und taktischer Ebene. Sie umfasst die Identifizierung, die Analyse, das Monitoring und die ständige Verbesserung von Beziehungen mit und zwischen Stakeholdern." Ref. 5.1.9 C. Falsch. „Der Zweck der Problem Management Practice ist das Reduzieren der Wahrscheinlichkeit und der Auswirkung von Incidents durch die Identifizierung tatsächlicher und potenzieller Ursachen von Incidents und das Management von Workarounds und Known Errors." Ref. 5.2.8 D. Falsch. „Der Zweck der Incident Management Practice ist das Minimieren der negativen Auswirkung von Incidents, indem der normale Servicebetrieb schnellstmöglich wiederhergestellt wird." Ref. 5.2.5
30	B	2.1	A. Falsch. „Zur Unterstützung eines ganzheitlichen Ansatzes für das Service Management definiert ITIL vier Dimensionen, die zusammen für die effektive und effiziente Förderung von Mehrwert für Kunden und andere Stakeholder in der Form von Produkten und Services entscheidend sind." Die Einführung von ITIL, um diesen vier Dimensionen von ITSM Rechnung zu tragen, erleichtert die Wertschöpfung, hilft der Organisation aber nicht dabei, ITIL-Leitlinien an die Organisation anzupassen. Ref. 3 B. Richtig. Die Grundprinzipien können „Organisationen bei ihrer Arbeit leiten, wenn sie einen Service Management-Ansatz umsetzen und ITIL-Leitlinien auf die eigenen Anforderungen und Umstände zuschneiden". Ref. 4.3 C. Falsch. „Service-Wertschöpfungskette: eine Reihe miteinander verbundener Aktivitäten, die eine Organisation durchführt, um für ihre Kunden ein wertvolles Produkt oder einen wertvollen Service bereitzustellen und Wertrealisierung zu unterstützen." Die Einführung einer Service-Wertschöpfungskette erleichtert die Wertschöpfung, hilft der Organisation aber nicht dabei, ITIL-Leitlinien an die Organisation anzupassen. Ref. 4.1 D. Falsch. Practices sind eine Reihe von organisatorischen Ressourcen, die zur Durchführung von Aufgaben oder zur Erreichung eines Ziels bestimmt sind Sie helfen der Organisation nicht dabei, ITIL-Leitlinien an die Organisation anzupassen. Ref. 4.1

Die ITIL® 4 Foundation-Prüfung

F	A	Syllabus-Referenz	Erläuterung
31	D	1.2.e	A. Falsch. Ein Event ist: „Jede Statusänderung, die für das Management eines Service oder eines anderen Configuration Item (CI) von Bedeutung ist. Events werden normalerweise durch Benachrichtigungen erkannt, die von einem IT Service, CI oder Monitoring-Tool erstellt werden." Ref. 5.2.7 B. Falsch. Ein Risiko ist „ein mögliches Event, das zu einem Schaden oder Verlust führen oder das Erreichen von Zielen erschweren könnte". Ref. 2.5.3 C. Falsch. Ein Ergebnis ist „ein Resultat für einen Stakeholder, das durch einen oder mehrere Outputs ermöglicht wird". Ref. 2.5.1 D. Richtig. Ein Output ist „ein materieller oder immaterieller Liefergegenstand einer Aktivität". Ref. 2.5.1
32	C	7.1.g	A. Falsch. Es würden nicht weniger Messgrößen gesammelt werden. Diese würden allerdings kombiniert und aggregiert werden, um klarere Informationen zu liefern. „Die Practice erfordert einen pragmatischen Fokus auf den gesamten Service und nicht einfach auf dessen Bestandteile; so sollten z. B. einfache individuelle Messgrößen (wie der Prozentsatz der Systemverfügbarkeit) nicht zur Darstellung des gesamten Service verwendet werden." Ref. 5.2.15 B. Falsch. Der Grund dafür ist, Berichte zu den einzelnen systembasierten Messgrößen zu reduzieren, die für den Kunden nicht bedeutsam sind. „Sie sollten sich auf definierte Ergebnisse und nicht einfach auf betriebliche Messgrößen beziehen. Dies kann durch einen ausgeglichenen Satz von Messgrößen erreicht werden." Ref. 5.2.15.1 C. Richtig. „Sie sollten sich auf definierte Ergebnisse und nicht einfach auf betriebliche Messgrößen beziehen. Dies kann durch einen ausgeglichenen Satz von Messgrößen erreicht werden." Ref. 5.2.15.1 D. Falsch. Dies wirkt sich nicht auf den Mechanismus für die Sammlung von Messgrößen aus. „Die Practice erfordert einen pragmatischen Fokus auf den gesamten Service und nicht einfach auf dessen Bestandteile; so sollten z. B. einfache individuelle Messgrößen (wie der Prozentsatz der Systemverfügbarkeit) nicht zur Darstellung des gesamten Service verwendet werden." Ref. 5.2.15

Die ITIL® 4 Foundation-Prüfung

F	A	Syllabus-Referenz	Erläuterung
33	C	7.1.c	A. Falsch. „Moderne IT Service Management-Tools können einen automatischen Abgleich von Incidents mit anderen Incidents, Problemen oder Known Errors ermöglichen", aber dies hängt nicht von der Incident-Priorität ab. Diese wird verwendet, um sicherzustellen, dass Incidents mit den größten geschäftlichen Auswirkungen zuerst gelöst werden. Ref. 5.2.5 B. Falsch. „Komplexere Incidents werden i. d. R. an ein Support-Team zur Lösung eskaliert. Normalerweise basiert die Weiterleitung auf der Incident-Kategorie, die es erleichtern sollte, das korrekte Team zu ermitteln." Ref. 5.2.5 C. Richtig. „Incidents werden auf Basis einer vereinbarten Klassifizierung priorisiert, um sicherzustellen, dass Incidents mit den höchsten geschäftlichen Auswirkungen zuerst gelöst werden." Ref. 5.2.5 D. Falsch. „Effektives Incident Management erfordert oft eine umfassende Zusammenarbeit innerhalb und zwischen Teams." Dies hängt jedoch nicht von der Incident-Priorität ab, die verwendet wird, um „sicherzustellen, dass Incidents mit den höchsten geschäftlichen Auswirkungen zuerst gelöst werden". Ref. 5.2.5
34	B	6.1.d	A. Falsch. „Der Zweck der Relationship Management Practice ist das Aufbauen und Pflegen von Verbindungen zwischen der Organisation und ihren Stakeholdern auf strategischer und taktischer Ebene." Ref. 5.1.9 B. Richtig. „Der Zweck der IT Asset Management Practice ist das Planen und Managen des gesamten Lebenszyklus aller IT-Assets, um der Organisation Folgendes zu erleichtern: Mehrwert maximieren, Kosten kontrollieren, Risiken managen." Ref. 5.2.6 C. Falsch. „Der Zweck der Release Management Practice ist das Zurverfügungstellen neuer und geänderter Services und Funktionen." Ref. 5.2.9 D. Falsch. „Der Zweck der Service Desk Practice ist das Erfassen der Nachfrage nach der Lösung von Incidents und Service Requests (Serviceanfragen)." Ref. 5.2.14

Die ITIL® 4 Foundation-Prüfung

F	A	Syllabus-Referenz	Erläuterung
35	A	7.1.d	A. Richtig. „Aktivitäten der Problemidentifizierung identifizieren und erfassen Probleme. Dazu zählen ... Erkennung doppelter und wiederkehrender Probleme durch Anwender, Service Desk und Mitarbeiter des technischen Supports." Ref. 5.2.8 B. Falsch. Die Identifizierung des korrekten Teams zur Eskalation eines Incident basiert auf der Incident-Kategorie, nicht auf wiederkehrenden Incidents. „Komplexere Incidents werden i. d. R. an ein Support-Team zur Lösung eskaliert. Normalerweise basiert die Weiterleitung auf der Incident-Kategorie, die es erleichtern sollte, das korrekte Team zu ermitteln." Ref. 5.2.5 C. Falsch. „Der Zweck der Service Request Management Practice ist das Unterstützen der vereinbarten Qualität eines Service, indem alle vordefinierten, vom Anwender initiierten Service Requests effektiv und benutzerfreundlich bearbeitet werden." Eine Erkennung wiederkehrender Schwierigkeiten durch den Service Desk ist dazu nicht erforderlich. Ref. 5.2.16 D. Falsch. „Die Person oder Gruppe, die einen Change autorisiert, wird als eine Change-Autorität bezeichnet. „Es ist wichtig, dass jeder Art von Change die richtige Change-Autorität zugewiesen ist, damit Change Control sowohl effizient als auch effektiv ist." Diese Zuweisung basiert auf der Art von Change und dazu ist keine Erkennung wiederkehrender Probleme durch das Service Desk erforderlich. Ref. 5.2.4
36	D	5.2.a	A. Falsch. „Der Zweck der Wertschöpfungskettenaktivität „Verbesserung" ist, eine kontinuierliche Verbesserung von Produkten, Services und Practices über alle Aktivitäten der Wertschöpfungskette und die vier Dimensionen des Service Management hinweg sicherzustellen." Ref. 4.5.2 B. Falsch. „Der Zweck der Wertschöpfungskettenaktivität „Engagement" ist, ein gutes Verständnis der Bedürfnisse der Stakeholder, Transparenz, kontinuierliches Engagement und gute Beziehungen zu allen Stakeholdern zu fördern. Ref. 4.5.3 C. Falsch. „Der Zweck der Wertschöpfungskettenaktivität „Erhalten/Erstellen" ist sicherzustellen, dass Servicekomponenten verfügbar sind, wann und wo sie benötigt werden, und dass sie den vereinbarten Spezifikationen entsprechen." Ref. 4.5.5 D. Richtig. „Der Zweck der Wertschöpfungskettenaktivität „Planung" ist, ein gemeinsames Verständnis der Vision, des aktuellen Status und der Verbesserungsrichtung für alle vier Dimensionen und alle Produkte und Services in einer Organisation sicherzustellen." Ref. 4.5.1

Die ITIL® 4 Foundation-Prüfung

F	A	Syllabus-Referenz	Erläuterung
37	D	2.2.a	A. Falsch. Der Schwerpunkt dieses Prinzips liegt auf der Herangehensweise an Aktivitäten: „Verwenden Sie immer nur so viele Schritte, wie zum Erreichen eines Ziels absolut nötig. Ergebnisbasiertes Denken sollte verwendet werden, um praktische Lösungen zu produzieren, die wertvolle Ergebnisse liefern." Ref. 4.3.6 B. Falsch. Dieses Prinzip konzentriert sich auf erhöhte Effektivität und Effizienz. „Organisationen müssen den Mehrwert der durch ihre personellen und technischen Ressourcen ausgeführten Aktivitäten maximieren." Ref. 4.3.7 C. Falsch. Dies zeigt die Herangehensweise an die Implementierung von Changes. „Widerstehen Sie der Versuchung, alles auf einmal umzusetzen. Auch große Vorhaben müssen in kleinen Schritten ausgeführt werden. Unterteilen Sie die Aufgabe in kleinere, handlichere Schritte, die in einem übersichtlichen Zeitrahmen ausgeführt und abgeschlossen werden können. Dadurch können Sie sich besser auf die einzelnen Schritte konzentrieren." Ref. 4.3.3 D. Richtig. „Dieser Abschnitt konzentriert sich hauptsächlich auf die Schaffung von Mehrwert für Servicekonsumenten ... Dieser Mehrwert kann verschiedene Formen haben, wie z. B. Umsatz, Kundentreue, niedrigere Kosten oder Wachstumschancen." Ref. 4.3.1
38	B	7.1.g	A. Falsch. „Service Desks bieten Anwendern einen klaren Weg, um Schwierigkeiten, Fragen und Anfragen zu melden und diese erfassen, klassifizieren, zuweisen und bearbeiten zu lassen." Ref. 5.2.14 B. Richtig. „Service Level Management bietet die End-to-End-Transparenz der Services der Organisation. Dazu erfasst das Service Level Management ... Serviceprobleme und erstellt entsprechende Berichte, einschließlich der Performance in Bezug auf definierte Service Levels." Ref. 5.2.14 C. Falsch. „Eine Anfrage eines Anwenders oder des Bevollmächtigten eines Anwenders, die eine Serviceaktion einleitet, die als normaler Bestandteil der Servicebereitstellung vereinbart wurde." Ref. 5.2.15 D. Falsch. „Service Configuration Management sammelt und managt Informationen über viele unterschiedliche CIs, wozu i. d. R. Hardware, Software, Netzwerke, Gebäude, Menschen, Lieferanten und Dokumentation zählen." Ref. 5.2.11

F	A	Syllabus-Referenz	Erläuterung
39	C	7.1.b	A. Falsch. Notfall-Changes sind „Changes, die so schnell wie möglich implementiert werden müssen; z. B. zur Lösung eines Incident oder zur Implementierung eines Sicherheits-Patches". Die Implementierung eines geplanten neuen Release einer Softwareanwendung fällt nicht in diese Kategorie und würde als ein normaler Change geplant und implementiert werden. Ref. 5.2.4 B. Falsch. Notfall-Changes „sind Changes, die so schnell wie möglich implementiert werden müssen; z. B. zur Lösung eines Incident oder zur Implementierung eines Sicherheits-Patches". Ein mit geringen Risiken verbundenes Computerupgrade, das als Service Request implementiert wird, fällt nicht in diese Kategorie. Die Verwendung eines Service Request impliziert, dass dies ein Standard-Change ist, da Standard-Changes „oft als Service Requests eingeleitet werden". Ref. 5.2.4 C. Richtig. Notfall-Changes sind „Changes, die so schnell wie möglich implementiert werden müssen; z. B. zur Lösung eines Incident oder zur Implementierung eines Sicherheits-Patches". Ref. 5.2.4 D. Falsch. Notfall-Changes „müssen so schnell wie möglich implementiert werden; z. B. zur Lösung eines Incident oder zur Implementierung eines Sicherheits-Patches. Notfall-Changes sind normalerweise nicht in einem Change-Kalender enthalten und der Prozess zur Bewertung und Autorisierung wird beschleunigt, damit sie schnell implementiert werden können". Eine geplante umfassende Hardware- und Softwareimplementierung fällt nicht in diese Kategorie und würde als normaler Change geplant und implementiert werden. Ref. 5.2.4

Die ITIL® 4 Foundation-Prüfung

F	A	Syllabus-Referenz	Erläuterung
40	B	2.2.b	A. Falsch. Das Grundprinzip „Wertorientierung" besagt: „Alle Aktivitäten, die von der Organisation durchgeführt werden, sollten direkt oder indirekt mit Mehrwert für sie selbst, ihre Kunden und andere Stakeholder verknüpft sein." Dies ist nicht das Hauptanliegen des Grundprinzips „Dort beginnen, wo man steht". Ref. 4.3.1 B. Richtig. Das Grundprinzip „Dort beginnen, wo man steht" empfiehlt: „Ein umfassendes Verständnis des aktuellen Status von Services und Methoden ist wichtig bei der Auswahl der Elemente, die erneut verwendet, geändert oder erweitert werden sollen." Ref. 4.3.2.3 C. Falsch. Der Schwerpunkt des Grundprinzips „Zusammenarbeiten und Transparenz fördern" liegt darauf, die richtigen Stakeholder einzubeziehen und mit diesen zu kommunizieren. „Wenn bei Initiativen die richtigen Leute in den richtigen Rollen beteiligt werden, profitieren Bemühungen von einer stärkeren Zustimmung, erhöhter Relevanz (denn es stehen bessere Informationen für die Entscheidungsfindung zur Verfügung) und größeren langfristigen Erfolgsaussichten." Dies ist nicht das Hauptanliegen des Grundprinzips „Dort beginnen, wo man steht". Ref. 4.3.4 D. Falsch. Das Hauptanliegen des Grundprinzips „Iterative Weiterentwicklung mit Feedback" besteht darin, Initiativen in kleinere Schritte aufzuteilen. „Unterteilen Sie die Aufgabe in kleinere, handlichere Schritte, die in einem übersichtlichen Zeitrahmen ausgeführt und abgeschlossen werden können. Dadurch können Sie sich besser auf die einzelnen Schritte konzentrieren." Dies ist nicht das Hauptanliegen des Grundprinzips „Dort beginnen, wo man steht". Ref. 4.3.3

ITIL® 4 Foundation
Kandidaten-Syllabus

Januar 2019

Einführung

Die ITIL 4 Foundation-Qualifizierung soll Kandidaten in das Management moderner IT-gestützter Services einführen, ihnen ein Verständnis der gängigen Begriffe und zentralen Konzepte vermitteln und ihnen zeigen, wie sie ihre Arbeit und die Arbeit ihrer Organisation mithilfe von ITIL 4-Leitlinien verbessern können. Darüber hinaus vermittelt die Qualifizierung dem Kandidaten ein Verständnis des ITIL 4 Service Management-Frameworks und dessen Entwicklung hin zur Verwendung moderner Technologien und Arbeitsweisen.

Die ITIL 4 Foundation-Prüfung soll bewerten, ob der Kandidat über ausreichende Kenntnisse und ein Verständnis des ITIL 4 Service Management-Frameworks verfügt, wie im Syllabus oben beschrieben, um die ITIL 4 Foundation-Qualifizierung zu erhalten. Die ITIL 4 Foundation-Qualifizierung ist eine Voraussetzung für die höheren ITIL 4-Qualifizierungen, welche die Fähigkeit des Kandidaten zur Anwendung seines Verständnisses der relevanten Bereiche des ITIL-Frameworks im Kontext bewerten.

Prüfungsübersicht

Zulässige Materialien	Keine	Dies ist eine Closed Book-Prüfung. Die *ITIL Foundation*-Publikation, ITIL 4 Edition, sollte zum Lernen verwendet werden, darf aber NICHT in der Prüfung eingesetzt werden.
Prüfungsdauer	60 Minuten	Kandidaten, welche die Prüfung in einer Sprache absolvieren, die nicht ihre Mutter- oder Arbeitssprache ist, können 25 % mehr Zeit erhalten, d. h. insgesamt 75 Minuten.
Anzahl der Wertungspunkte	40 Wertungspunkte	Es gibt 40 Fragen, wovon jede Frage 1 Punkt wert ist. Es gibt keine negative Bewertung.
Vorläufige Mindestpunktzahl	26 Wertungspunkte	Sie müssen 26 Fragen richtig beantworten (65 %), um die Prüfung zu bestehen.
Kognitive Stufe	Bloom-Stufen 1 und 2	„Bloom-Stufe" beschreibt die Art des Denkens, die zur Beantwortung der Frage erforderlich ist. Für Fragen der Bloom-Stufe 1 müssen Sie sich an Informationen über das ITIL 4 Service Management-Framework erinnern. Für Fragen der Bloom-Stufe 2 müssen Sie zeigen, dass Sie diese Konzepte verstehen.
Fragetypen	Klassische Fragen, negative Fragen, Fragen mit fehlenden Wörtern und Auflistungsfragen	Die Fragen sind allesamt Multiple-Choice-Fragen. Bei den „Standardfragen" erhalten Sie eine Frage und vier Antwortoptionen. „Negative" Fragen sind „Standardfragen", die negativ formuliert sind. Bei den „Fragen mit fehlenden Wörtern" erhalten Sie einen Satz mit einem fehlenden Wort und müssen das fehlende Wort aus vier Optionen auswählen. Bei den „Auflistungsfragen" erhalten Sie eine Liste mit vier Aussagen und müssen aus der Liste zwei richtige Aussagen auswählen.

Fragetypen

Beispiel für Standard-OTQ:

Was ist eine Quelle für eine Best Practice?

a) Q
b) P
c) R
d) S

Beispiel für Auflistungs-OTQ:

Welche Aussage zum Service Asset and Configuration Management (SACM) ist RICHTIG?

1. Es macht Q
2. Es macht P
3. Es macht R
4. Es macht S

a) 1 und 2
b) 2 und 3
c) 3 und 4
d) 1 und 4

HINWEIS: Zwei der Listenelemente sind richtig. Fragen im Auflistungsstil sind niemals negativ.

Als Beispiel für das Prüfungsformat und die Prüfungsinhalte sehen Sie sich bitte die Musterprüfung an.

Beispiel für OTQ mit fehlenden Wörtern

Identifizieren Sie das/die fehlende(n) Wort/Wörter im folgenden Satz.

A [?] definiert Anforderungen für Services und übernimmt Verantwortung für Ergebnisse vom Servicekonsum.

a) Rolle Q
b) Rolle P
c) Rolle R
d) Rolle S

Beispiel für „negative" Standard-OTQ:

Was ist KEIN definierter Wertbereich?

a) Q
b) P
c) R
d) S

HINWEIS: Negative Fragen werden **nur im Ausnahmefall verwendet**, wenn es Bestandteil des Lernergebnisses ist, zu wissen, dass etwas nicht getan wird oder nicht auftreten sollte.

Syllabus

Die folgende Tabelle bietet einen Überblick über die Konzepte, die in der Prüfung getestet werden, und über die zentralen Abschnitte des Handbuchs, in denen diese beschrieben werden. Die Buchreferenzen beziehen sich auf den angegebenen Abschnitt, aber nicht auf die Unterabschnitte in diesem Abschnitt, sofern nicht anders vermerkt. Das Verb für jedes Assessment-Kriterium zeigt die Stufe nach Bloom an: „Erinnern"/„Definieren" bezieht sich auf grundlegendes Erinnern und Wissen der Stufe 1, „Beschreiben"/„Erklären" bezieht sich auf Verstehen/Erkennen der Stufe 2.

Lernergebnis	Assessment-Kriterien	Buch-referenzen	Bloom-Stufe	Anzahl Wertungspunkte
1. Verstehen der zentralen Konzepte des Service Managements	1.1 Erinnern der Definition von: a) Service b) Utility c) Warranty d) Kunde e) Anwender f) Service Management g) Sponsor	2.0, 2.2.2, 2.3.1, 2.5.4	BL1	2
	1.2 Beschreiben der zentralen Konzepte der Schaffung von Wert mit Services: a) Kosten b) Wert c) Organisation d) Ergebnis e) Output f) Risiko g) Utility h) Warranty	2.1, 2.1.1, 2.2 und alle Unterabschnitte von 2.5	BL2	2
	1.3 Beschreiben der zentralen Konzepte von Servicebeziehungen: a) Serviceangebot b) Service Relationship Management c) Servicebereitstellung d) Servicekonsum	2.3.2, 2.4, 2.4.1	BL2	1
2. Verstehen, wie die ITIL-Grundprinzipien einer Organisation helfen können, Service Management einzuführen und anzupassen	2.1 Beschreiben des Wesens, der Verwendung und der Interaktion der Grundprinzipien	4.3, 4.3.8	BL2	1
	2.2 Erläutern der Verwendung der Grundprinzipien (4.3): a) Wertorientierung (4.3.1 – 4.3.1.4) b) Dort beginnen, wo man steht (4.3.2 – 4.3.2.3) c) Iterative Weiterentwicklung mit Feedback (4.3.3 – 4.3.3.3) d) Zusammenarbeiten und Transparenz fördern (4.3.4 – 4.3.4.4) e) Ganzheitlich denken und arbeiten (4.3.5 – 4.3.5.1) f) Auf Einfachheit und Praktikabilität achten (4.3.6 – 4.3.6.3) g) Optimieren und automatisieren (4.3.7 – 4.3.7.3)	4.3, 4.3.1-4.3.7.3	BL2	5
3. Verstehen der vier Dimensionen des Service Managements	3.1 Beschreiben der vier Dimensionen des Service Managements (3): a) Organisationen und Menschen (3.1) b) Informationen und Technologie (3.2) c) Partner und Lieferanten (3.3) d) Wertströme und Prozesse (3.4-3.4.2)	3, 3.1-3.4.2	BL2	2
4. Verstehen des Zwecks und der Komponenten des ITIL-Servicewertsystems	4.1 Beschreiben des ITIL-Servicewertsystems (4.1)	4.1	BL2	1

Lernergebnis	Assessment-Kriterien	Buch-referenzen	Bloom-Stufe	Anzahl Wertungspunkte
5. Verstehen der Aktivitäten der Service-Wertschöpfungs-kette und deren Vernetzung	5.1 Beschreiben des vernetzten Wesens der Service-Wertschöpfungskette und wie dadurch Wertströme unterstützt werden (4.5)	4.5	BL2	1
	5.2 Beschreiben des Zwecks jeder Aktivität der Wertschöpfungskette: a) Planung b) Verbesserung c) Engagement d) Design und Transition e) Erhalten/Erstellen f) Bereitstellung und Support	4.5.1-4.5.6	BL2	1
6. Kennen des Zwecks und der zentralen Begriffe von 15 ITIL Practices	6.1 Erinnern des Zwecks der folgenden ITIL Practices: a) Information Security Management (5.1.3) b) Relationship Management (5.1.9) c) Supplier Management (5.1.13) d) IT Asset Management (5.2.6) e) Monitoring and Event Management (5.2.7) f) Release Management (5.2.9) g) Service Configuration Management (5.2.11) h) Deployment Management (5.3.1) i) Continual Improvement (5.1.2) j) Change Control (5.2.4) k) Incident Management (5.2.5) l) Problem Management (5.2.8) m) Service Request Management (5.2.16) n) Service Desk (5.2.14) o) Service Level Management (5.2.15)	5.1.2, 5.1.3, 5.1.9, 5.1.13, 5.2.4, 5.2.5, 5.2.6, 5.2.7, 5.2.8, 5.2.9, 5.2.11, 5.2.14, 5.2.15, 5.2.16, 5.3.1,	BL1	5
	6.2 Erinnern der Definitionen der folgenden ITIL-Begriffe: a) IT-Asset b) Event c) Configuration Item (CI) d) Change e) Incident f) Problem g) Known Error	5.2.4, 5.2.5, 5.2.6, 5.2.7, 5.2.8, 5.2.11	BL1	2
7. Verstehen von 7 ITIL Practices	7.1 Erläutern der folgenden ITIL Practices im Detail, ohne darauf einzugehen, wie sie sich in die Service-Wertschöpfungskette einfügen: a) Continual Improvement (5.1.2) einschließlich: - Das Continual Improvement-Modell (4.6, Abb. 4.3) b) Change Control (5.2.4) c) Incident Management (5.2.5) d) Problem Management (5.2.8) e) Service Request Management (5.2.16) f) Service Desk (5.2.14) g) Service Level Management (5.2.15 – 5.2.15.1)	4.6, Abb. 4.3, 5.1.2, 5.2.4, 5.2.5, 5.2.8, 5.2.16, 5.2.14, 5.2.15, 5.2.15.1	BL2	17